Schnelles Geld in einer Woche.

30 Wege, um in nur einer Woche schnell Geld zu verdienen.

SCHNELLES GELD IN EINER WOCHE

Unter: D.K. Hawkins
Serie "Schnelles Geld"
Version 1.1 ~November 2022
Veröffentlicht von D.K. Hawkins bei KDP
Copyright ©2022 by D.K. Hawkins. Alle Rechte vorbehalten.

Kein Teil dieser Veröffentlichung darf ohne vorherige schriftliche Genehmigung der Herausgeber in irgendeiner Form oder mit irgendwelchen Mitteln, einschließlich Fotokopien, Aufzeichnungen oder anderen elektronischen oder mechanischen Methoden oder mit Hilfe eines Informationsspeicher- oder -abrufsystems, vervielfältigt, verbreitet oder übertragen werden, mit Ausnahme von sehr kurzen Zitaten in kritischen Rezensionen und bestimmten anderen nichtkommerziellen Verwendungen, die nach dem Urheberrecht zulässig sind.

Alle Rechte vorbehalten, einschließlich des Rechts auf vollständige oder teilweise Vervielfältigung in jeder Form.

Alle Angaben in diesem Buch wurden sorgfältig recherchiert und auf ihre sachliche Richtigkeit überprüft. Der Autor und der Herausgeber übernehmen jedoch keine Garantie, weder ausdrücklich noch stillschweigend, dass die hierin enthaltenen Informationen für jede Person, jede Situation oder jeden Zweck geeignet sind, und übernehmen keine Verantwortung für Fehler oder Auslassungen.

Der Leser übernimmt das Risiko und die volle Verantwortung für alle Handlungen. Der Autor kann nicht für Verluste oder Schäden verantwortlich gemacht werden, die sich aus den in diesem Buch enthaltenen Informationen ergeben, seien es Folgeschäden, zufällige Schäden, besondere Schäden oder sonstige Schäden.

Alle Bilder sind frei verwendbar oder von Stockfoto-Websites erworben oder lizenzfrei für die kommerzielle Nutzung. Ich habe mich bei der Erstellung dieses Buches auf meine eigenen Beobachtungen sowie auf viele verschiedene Quellen gestützt, und ich habe mein Bestes getan, um Fakten zu überprüfen und Quellenangaben zu machen, wo sie angebracht sind. Sollte Material ohne entsprechende Erlaubnis verwendet worden sein, kontaktieren Sie mich bitte, damit das Versehen korrigiert werden kann.

Die in diesem Buch enthaltenen Informationen dienen nur zu Informationszwecken und sind nicht als Quelle für Ratschläge oder Kreditanalysen in Bezug auf das dargestellte Material gedacht. Die in diesem Buch enthaltenen Informationen und/oder Dokumente stellen keine Rechts- oder Finanzberatung dar und sollten niemals ohne vorherige Rücksprache mit einem Finanzfachmann verwendet werden, um festzustellen, was für Ihre individuellen Bedürfnisse am besten geeignet ist.

Der Herausgeber und der Autor geben keine Garantie oder andere Versprechen hinsichtlich der Ergebnisse, die durch die Verwendung des Inhalts dieses Buches erzielt werden können. Sie sollten niemals eine Investitionsentscheidung treffen, ohne vorher Ihren eigenen Finanzberater zu konsultieren und Ihre eigenen Nachforschungen und Sorgfaltsprüfungen durchzuführen. Soweit gesetzlich zulässig, lehnen der Herausgeber und der Autor jegliche Haftung für den Fall ab, dass sich die in diesem Buch enthaltenen Informationen, Kommentare, Analysen, Meinungen, Ratschläge und/oder Empfehlungen als ungenau, unvollständig oder unzuverlässig erweisen oder zu Investitions- oder anderen Verlusten führen.

Der in diesem Buch enthaltene oder zur Verfügung gestellte Inhalt stellt keine Rechts- oder Anlageberatung dar, und es wird keine Beziehung zwischen Anwalt und Mandant begründet. Der Herausgeber und der Autor stellen dieses Buch und seinen Inhalt auf einer "wie besehen"-Basis zur Verfügung. Die Nutzung der Informationen in diesem Buch erfolgt auf eigene Gefahr.

INHALTSVERZEICHNIS.

INHALTSVERZEICHNIS. 4

EINFÜHRUNG. 6

VERSCHIEDENE MÖGLICHKEITEN, IN NUR EINER WOCHE SCHNELL GELD ZU VERDIENEN. 9

   1. EIN ARTIKELVERZEICHNIS ANLEGEN. 9

   2. ONLINE-DEVISENHANDEL. 15

   3. PARTNERMARKETING. 20

   4. SCHALTEN VON KLEINANZEIGEN AUF KOSTENLOSEN WEBSITES. 23

   5. EINRICHTUNG EINER NISCHENKAMPAGNE. 29

   6. FREIBERUFLICHES SCHREIBEN. 32

   7. BLOGGING. 36

   8. INTERNETMARKETING. 39

   9. VIDEO-MARKETING. 41

   10. PHOTOSHOP. 46

   11. STOCKFOTOGRAFIE. 48

   12. CRAIGSLIST. 52

   13. LIEFERSERVICE. 55

   14. ENTWICKLUNG EINES GEHEIMEN VERKAUFSTRICHTERS. 57

   15. TEILNAHME AN BEZAHLTEN UMFRAGEN. 62

   16. PRIVATE-LABEL-PRODUKTE. 65

17. VERKAUF VON KUNSTWERKEN. 69
18. PODCAST. 76
19. GOOGLE ADSENSE. 81
20. PENNY STOCKS. 84
21. FORUM. 86
22. DATENEINGABE-JOBS VON ZU HAUSE AUS. 92
23. EBOOK SCHREIBEN. 95
24. VERKAUFEN BEI EBAY. 98
25. HOSTING-WEBINARE. 100
26. DOMAIN-FLIPPING. 104
27. PRODUKTEINFÜHRUNG. 105
28. MITGLIEDER-WEBSITES. 107
29. HOCHKARÄTIGE PROGRAMME. 109
30. ONLINE-TUTORING. 114
SCHLUSSFOLGERUNG. 120

EINFÜHRUNG.

Sie können innerhalb einer Woche mit dem Geldverdienen beginnen. Ihr erstes Online- oder Offline-Einkommen innerhalb einer Woche zu erzielen, ist normal, wenn Sie sich dafür entschieden haben, online und offline zu arbeiten und Geld zu verdienen, unabhängig davon, ob Ihr Ziel eine Vollzeitbeschäftigung oder nur zusätzliches Taschengeld ist.

Warum ich das sage? Weil ich es in den letzten Jahren oft erlebt habe, wenn ich Menschen geholfen habe, online und offline Geld zu verdienen.

Selten sehe ich jemanden, dessen Ziel es ist, online oder offline zu arbeiten und Geld zu verdienen, und der einen beträchtlichen Geldbetrag hat, um in den Start zu investieren. Die meisten würden es vorziehen, ohne viel Geld oder spezielle Fähigkeiten anzufangen.

Das mag wie ein hehres Ziel klingen, aber glücklicherweise ist es erfüllbar. Es sollte nicht überraschen, dass das Geldverdienen online und offline ohne Geld oder Fähigkeiten oft als "Bum Marketing" bezeichnet wird.

Sie haben alles, was Sie brauchen, um Ihr Online- und Offline-Geschäft zu starten, wenn Sie einen Computer und das Internet besitzen oder Zugang dazu haben. Ihnen fehlt lediglich eine klare, schrittweise Anleitung, wie Sie die Aufgabe bewältigen können. Die meisten Menschen beschäftigen sich ausgiebig mit der Frage, wie man online und offline Geld verdienen kann, fangen aber nie damit an. Vielleicht fehlt ihnen einfach das Vertrauen in ihre Fähigkeiten.

Es gibt so viele Dinge auf der Welt (ja, auf der WELT, nicht nur in Ihrer Stadt, Ihrem Bundesland oder Ihrem Land), dass ich selbst mit der Hilfe von tausend meiner engsten Freunde unmöglich für sie alle werben könnte, und wenn Sie viele Sprachen sprechen, WOW, dann haben Sie noch mehr Möglichkeiten.

Wenn Sie innerhalb einer Woche Geld verdienen wollen, müssen Sie sofort loslegen. Sie können doch nicht einen Monat lang lernen, oder?

Ich empfehle Ihnen, dieses Buch gründlich zu lesen, damit Sie in kürzester Zeit die meisten Informationen über die 30 besten Möglichkeiten, innerhalb einer Woche schnell Geld zu verdienen, aufnehmen können. Es erfordert auch den geringsten Aufwand von Ihnen.

Sind Sie bereit, loszulegen? Lesen Sie bitte weiter………………….

VERSCHIEDENE MÖGLICHKEITEN, IN NUR EINER WOCHE SCHNELL GELD ZU VERDIENEN.

1. EIN ARTIKELVERZEICHNIS ANLEGEN.

Dies erfordert ein wenig mehr Aufwand, ist aber recht einfach. Was suchen die Internetnutzer? Informationen und zwar jede Menge davon!

Um ein Artikelverzeichnis zu erstellen, müssen Sie nur eine einfache Website einrichten und Autoren um kostenlose Beiträge bitten. Die meisten Artikelschreiber werben für Ebooks, Seminare, Software und Workshops. Sie sind immer auf der Suche nach kostenloser oder kostengünstiger Werbung.

Schon bald werden Sie Zugang zu Tausenden weiterer Seiten mit Inhalten haben. Wie werden Sie Geld verdienen? Fügen Sie Google-Anzeigen hinzu (Einzelheiten siehe unten). Sie verdienen jedes Mal Geld, wenn jemand auf eine Ihrer Anzeigen klickt.

Viele Artikelverzeichnisse nehmen Artikel zu verschiedenen Themen an, während andere sich spezialisieren. Nur Sie können entscheiden, welche Option für Sie die beste ist. Ich mag spezialisierte Verzeichnisse, weil ich glaube, dass die Leute angesichts des wachsenden Internets häufiger zu einem Verzeichnis mit Qualitätsmaterial zu einem einzigen Thema zurückkehren werden als zu einem Verzeichnis mit vielen Artikeln zu jedem Thema. Selbst wenn sie nach Kategorien getrennt sind, sind "All-Inclusive-Verzeichnisse" für mich zu überwältigend. Auch hier haben Sie die Wahl.

Der Schlüssel, um mit einem Artikelverzeichnis Geld zu verdienen, ist die Werbung dafür und die Beschaffung hochwertiger Inhalte für Ihre Website. Um qualitativ hochwertige Artikel zu einem bestimmten Thema zu erhalten, müssen Sie eine Websuche mit den entsprechenden Schlüsselbegriffen durchführen.

Setzen Sie sich mit dem Autor in Verbindung (in den meisten Fällen finden Sie die Kontaktinformationen in der Ressourcenbox am Ende des Artikels) und bitten Sie ihn, häufig Artikel für Ihr Verzeichnis einzureichen. Sie werden fast immer zustimmen.

Jetzt ist der Zeitpunkt gekommen, an dem Ihre Website richtig durchstarten sollte. Sobald die Suchmaschinen Ihr Verzeichnis indiziert haben, werden viele von ihnen Ihnen automatisch Inhalte zusenden. Sobald Sie ein paar hundert Artikel in Ihrem Verzeichnis haben (und das kann nur ein paar Wochen dauern, wenn Sie sich die Mühe machen), schalten Sie auf jeder Seite Google-Anzeigen, und voilà - Sie haben Hunderte von Inhaltsseiten mit Werbung, die Ihnen jedes Mal, wenn sie angeklickt werden, Einnahmen verschaffen.

Für den Anfang können Sie automatisch Inhalte aus vielen Internet-Artikelverzeichnissen auswählen. Wenn Sie nach "Artikelverzeichnis" suchen, erscheinen etwa 3,5 Millionen (ja, Millionen!) Ergebnisse.

Software für Artikelverzeichnisse: Wenn Sie bereit sind, ein wenig Geld auszugeben, können Sie eine Software erwerben, die den gesamten Prozess automatisiert.

Eine Suche nach "Software für Artikelverzeichnisse" liefert fast 500.000 Ergebnisse. Sie können die meiste Software kaufen und installieren oder sie vom Herausgeber für Sie installieren lassen. Die Selbstinstallation setzt ein hohes Maß an technischen Kenntnissen voraus.

Bevor Sie ein Artikelverzeichnis erstellen, empfehle ich Ihnen, sich viele Stunden mit dem Thema zu beschäftigen und zu lesen. Obwohl die Idee sehr einfach ist, kann sie im Vorfeld viel Arbeit erfordern, die sich aber im Laufe der Monate und Jahre bezahlt machen kann.

Besuchen Sie Google.com, um mehr über den Erwerb von Google-Anzeigen zu erfahren, die auf vielen Websites erscheinen. Wählen Sie "Marketing-Programme" (eine einfache Textschaltfläche direkt unter dem Suchfeld). Klicken Sie auf "Für Web-Publisher: Google AdSense". Klicken Sie schließlich auf "Was ist AdSense? Rapid tour" Die Anwendung wird Ihnen vollständig erklärt, und Sie können sie innerhalb von fünf Minuten starten.

Wenn Sie eine Leidenschaft für etwas haben und eine genau definierte Nische anvisieren können, können Sie einen Blog darüber erstellen, einige Google AdSense-Anzeigen hinzufügen und ohne großen Aufwand jeden Monat ein paar hundert Dollar verdienen. Möchten Sie mehr verdienen? Wie bei allen anderen Dingen im Leben gilt auch hier: Je mehr Zeit Sie investieren, desto höher wird Ihr Einkommen sein.

Es gibt sogar eine neue Website, Scoopt.com, die als Literaturagentur für Blogs fungiert. Worauf ich mich beziehe? Genauer gesagt, sie "unterstützen Sie beim Erwerb von Lizenzen für die kommerzielle und nichtkommerzielle Nutzung Ihres Blogs". Im Grunde genommen helfen sie Ihnen, den Inhalt Ihrer Website zu verkaufen. Vollständige Informationen finden Sie auf der Website des Unternehmens.

Blogs sind nicht mehr nur dazu da, sich über die letzte katastrophale Beziehung oder die verpfuschte Arbeit des Friseurs zu äußern. Sie sind ein professionelles Mittel, um in der Gegenwart Geld zu verdienen.

Um eine Fallstudie zu lesen, die zeigt, wie ein persönliches Hobby in einen beliebten, geldbringenden Blog umgewandelt werden kann, besuchen Sie ProBlogger.net und suchen Sie "Back in Skinny Jeans". Der Artikel sollte angezeigt werden. Er ist sehr interessant zu lesen.

Um einen Blog zu erstellen, besuchen Sie blogger.com, erstellen Sie ein Konto und beginnen Sie zu bloggen. Es ist kostenlos!

Es handelt sich nicht um eine Masche, um reich zu werden. Mein Ziel bei Inkwell Editing ist es, redaktionelle und kreative Freiberufler dabei zu unterstützen, ihren Lebensunterhalt zu verdienen. Wie viele andere auch, werde ich niemals garantieren, dass Sie "Tausende im Monat verdienen, indem Sie einfach x machen". Trauen Sie dem Hype nicht.

Ich arbeite seit 1987 in der Verlagsbranche und seit 1993 als Freiberufler. Ich habe von vielen Programmen gehört und sie genutzt. Die einzige Möglichkeit, Geld zu verdienen, besteht darin, sich ständig in irgendeiner Weise anzustrengen. Das erfordert Zeit und Mühe, Zeit und Mühe.

Die gute Nachricht ist, dass das Internet es einfacher denn je macht, mit kreativer Arbeit Geld zu verdienen, und dass dies "ganz" einfach möglich ist, wenn man effektive Methoden wählt und sie regelmäßig anwendet.

2. ONLINE-DEVISENHANDEL.

Ist Ihr Online-Handel mit 4forex zum Stillstand gekommen? Sie gehen einen Handel ein, um ihn dann wieder rückgängig zu machen, was zu einem Verlust führt. Haben Sie sich jemals eine Methode gewünscht, mit der Sie beständig Geld verdienen, ohne sich ständig darum kümmern zu müssen? Ich habe etwas, das Sie vielleicht nützlich finden.

In diesem Abschnitt wird davon ausgegangen, dass Sie mit der Online-Devisenchart-Erstellung unter Verwendung technischer Studien, einschließlich Exponential Moving Average, MACD und Stochastics, vertraut sind. Ich verwende die kostenlosen technischen Charts von Wizetrade Forex und MB Trading für meine Charting-Anforderungen.

Zunächst einmal der Haftungsausschluss.

Der Devisenhandel ist eine schwierige Gelegenheit, die gut ausgebildeten und erfahrenen Händlern, die bereit sind, ein überdurchschnittliches Risiko einzugehen, überdurchschnittliche Erträge bietet. Bevor Sie sich für den Devisenhandel entscheiden, sollten Sie Ihre Anlageziele, Ihr Erfahrungsniveau und Ihre Risikotoleranz prüfen.

Sie sollten nie mehr Geld investieren, als Sie sich leisten können, zu verlieren. Bevor Sie eine neue Strategie auf einem echten Konto anwenden, ist es in der Regel ratsam, sie zunächst auf dem Papier zu testen.

Art der Strategie.

Dies ist ein längerfristiger Plan, der in der Regel ein bis zwei Wochen in Anspruch nimmt. Er verwendet Balken- oder Candlestick-Charts mit Exponential Moving Average, MACD und Stochastics als Indikatoren.

Die Situation.

Diagramme - 1 Tag und 1 Monat (entweder Balken oder Candlestick) (Manchmal kann ein Diagramm mit einer kürzeren Zeitspanne eine klarere Sicht bieten. Ich bevorzuge die 1-Stunden-, die 10-Tage- und die 180-Minuten-Anzeige von Wizetrade).

Exponential Moving Averages - (3) Konfigurationen, 4-13-50.

MACD - 5-34-7.

Wahrscheinlichkeit — 13-5-5.

Einstieg in die Industrie.

Ziehen Sie den MACD zur Bestätigung der Trendrichtung heran. Nachdem er seine Mittellinie überschritten hat, ist der Indikator in der Regel zuverlässiger.

Sie möchten, dass sich die Stochastik-Linien schneiden und sich für Käufe über die 20 und für Verkäufe unter die 80 bewegen. (Dies ist manchmal auf Diagrammen mit kürzeren Intervallen deutlicher zu erkennen.)

Untersuchen Sie nun die gleitenden Durchschnitte. Wenn der 4 EMA und der 13 EMA den 50 EMA überkreuzen, egal in welche Richtung, mit einem guten Bewegungswinkel und einer Lücke zwischen den Durchschnitten, ist dies ein guter Zeitpunkt für einen Einstieg. (Abwärtstrends für Verkäufe und Aufwärtstrends für Käufe.)

Wenn die oben genannten Bedingungen erfüllt sind, sollten Sie einen Einstieg in Erwägung ziehen.

Konfigurieren Ihres Stop Loss.

Setzen Sie Ihren Stop-Loss 30 bis 50 Punkte unter dem Tiefststand des Vortages. Dies wird ein breiter Stop-Loss sein, der Sie im Falle einer Katastrophe aus dem Handel ausschließt. Ich würde vorschlagen, Ihren Stop-Loss zu erhöhen, wenn Ihre Transaktion Gewinne erzielt. Egal, was Sie tun, verringern Sie ihn NICHT. (Wäre der Handel ein Verkauf, würde der Stop-Loss über dem Hoch des Vortages liegen.)

Im Geschäft.

Beobachten Sie den Handel, um festzustellen, ob er sich einem Widerstands- oder

Unterstützungsniveau nähert, und behalten Sie die exponentiellen gleitenden Durchschnitte 4 und 13 im Auge. Unterstützung und Widerstand spielen bei dieser Art von Plan vielleicht keine große Rolle, aber ich würde sie trotzdem genau beobachten.

Verlassen des Marktes.

Achten Sie darauf, dass der 4 EMA den 13 EMA in die entgegengesetzte Richtung Ihres Einstiegs überquert, nachdem Sie den Handel begonnen haben. Prüfen Sie, ob Ihr MACD invertiert ist. Wie funktioniert Ihr Stochastik? Dies sind potenzielle Ausstiegsindikatoren. Wenn sich der Trend umgekehrt hat, sollten Sie Ihre Gewinne mitnehmen.

Es braucht Geduld, um sich im Handel zu entwickeln und zu wissen, wann man aussteigen muss. Die Charts sind dazu da, Sie zu unterstützen. Einige Mitglieder unserer Handelsgruppe haben diese Methode mit großem Erfolg angewandt.

3. PARTNERMARKETING.

Es gibt unzählige Affiliate-Artikel, für die Werbung gemacht werden kann. Affiliate-Marketing ist der Prozess der Online-Werbung für ein Produkt. Für Neulinge kann dies so einfach sein wie die Eröffnung eines Blogs oder einer Squidoo-Linse, die beide recht unkompliziert sind. Sie leiten Ihre Besucher dann zu Ihrem Partnerlink auf Ihrer Website weiter, wo sie einen Kauf tätigen und Sie dafür eine Vergütung erhalten.

Dies kann für Anfänger einschüchternd sein, da sie wissen müssen, wie sie Besucher auf ihre Website locken und von Google indiziert werden können und welche Schlüsselwörter sie benötigen. Es gibt unzählige Methoden, um Ihre Website zu bewerben.

Als Anfänger im Affiliate-Marketing werden Sie sich anfangs überwältigt fühlen. Die steile Lernkurve nimmt Monate in Anspruch. Die gute Nachricht ist, dass es Programme gibt, von denen einige kostenlos oder sehr preiswert sind, die Ihre Lernkurve um Wochen oder Monate verkürzen können.

Sie müssen sich auch entscheiden, was Sie vermarkten wollen; viele entscheiden sich für ein Business-in-a-Box, aber nicht jeder tut das. Ich glaube, dass Sie viel erfolgreicher sein werden, wenn Sie etwas finden, für das Sie sich begeistern können. Überlegen Sie sich etwas, das Ihnen Spaß macht, googeln Sie es und fügen Sie den Begriff "Affiliate" hinzu, und schwupps! Sie haben die Wahl. Partnerprogramme gibt es für praktisch jede erdenkliche Ware, einschließlich E-Books, Vitamine und Elektronik.

Am besten starten Sie Ihre Website mit Ihrem Partnerlink und beginnen mit Ihrer Ausbildung. So können Sie das Gelernte nach und nach ändern und anwenden, aber Sie sollten erst einmal loslegen. Sobald eine Website in Betrieb ist, können Sie mit einer anderen weitermachen.

Heute erstelle ich im Durchschnitt jede Woche eine neue Website. Als ich anfing, brauchte ich einen Monat, um eine einzige Website zu erstellen. Sagen wir also, eine Woche für jede Website, vier Websites in einem Monat, von denen jede im Schlaf passive

Einnahmen generiert. Iterieren und wiederholen. Ich verwende einen einwöchigen Marketingplan, der mir den Einstieg erleichtert hat.

Ich habe vor fünf Monaten in Teilzeit mit diesem Unterfangen begonnen, mit begrenzten Anfangsergebnissen. Als ich vor zwei Wochen entlassen wurde, wurde mir klar, dass ich ernst machen musste. Ich habe jeden Tag zwischen 10 und 12 Stunden damit verbracht, das Projekt zum Laufen zu bringen. Ich war ein Neuling und sehr verwirrt. In den letzten zwei Wochen habe ich fast so viel verdient wie in meinem "richtigen Job", und das waren keine Peanuts.

Und das Schönste daran ist, dass es mir Spaß macht. Ich habe einen Leitfaden zusammengestellt, der Ihre Lernkurve verkürzt und Ihnen dabei hilft, schneller Geld zu verdienen, wenn Sie schneller vorankommen wollen. Der Titel lautet Affiliate Marketing Made Simple. Beginnen Sie schneller Geld zu verdienen und verkürzen Sie Ihre Lernkurve.

4. SCHALTEN VON KLEINANZEIGEN AUF KOSTENLOSEN WEBSITES.

Seit 2007 habe ich das Glück, meinen gesamten Lebensunterhalt online zu verdienen. Die Förderung von Affiliate-Artikeln durch kostenlose Kleinanzeigen auf Websites wie Craigslist und Back Page ist eine meiner wichtigsten Einnahmequellen.

Im Folgenden finden Sie Antworten auf vier Fragen, die mir häufig zur Rückseite gestellt werden, meiner bevorzugten Website für kostenlose Kleinanzeigen, wenn Sie Geld verdienen möchten, indem Sie Anzeigen auf Websites wie dieser schalten.

Die hier gegebenen Ratschläge gelten unabhängig von der von Ihnen genutzten Website für kostenlose Kleinanzeigen.

Antworten auf vier häufige Bedenken in Bezug auf das Schalten von Gratisanzeigen auf Backpage.

1. In welchen Städten Sie Anzeigen schalten sollten: Backpage erhält viel Verkehr. Wie viel? Laut

Traffic-Schätzung, einer Website, die die Anzahl der Besucher einer Website pro Monat, Jahr usw. vorhersagt, verzeichnete Backpage im Januar 2013 20.394.000 Besucher.

Es gibt rund 400 Städte, in denen Sie Anzeigen schalten können, aber nur eine Handvoll erhält den meisten Traffic. Hier sind die zwanzig wichtigsten Kategorien für die Schaltung von Anzeigen auf der Rückseite aufgelistet, um schnell online Geld zu verdienen, je nach Traffic.

Die besten Backpage-Städte zum Aufgeben kostenloser Anzeigen.

- Miami, FL.

- Minneapolis, MN.

- New York, New York.

- Philadelphia, PA.

- Phoenix, AZ.

- San Diego, CA.

- Atlanta, GA.

- Boston, MA.

- Chicago, Illinois.

- Texas, Dallas/Fort Worth.

- Denver, CO.

- Houston, Texas.

- Las Vegas, NV.

- Los Angeles, CA.

- San Francisco, CA.

- Seattle, Washington.

- St. Louis, MO.

- Tampa, FL.

- Toronto, ON.

- Washington, District of Columbia.

Geschäftsangebote sind eine der beliebtesten Kategorien für die Schaltung kostenloser Anzeigen. In diesen Bereich, "Geschäftsangebote", passen die meisten Affiliate-Möglichkeiten, die Sie wahrscheinlich bewerben möchten. "Geldverdienen"-Chancen sind die beliebteste Form von Affiliate-Artikeln, für die man werben kann, um online schnell Geld zu verdienen.

2. Hinweis zu den Kategorien: Bitte halten Sie sich an die Website-Normen. Einige Vermarkter bewerben beispielsweise Geschäftsmöglichkeiten unter dem Bereich "Jobs". Das Letzte, was ein Arbeitssuchender will, ist, auf eine Anzeige für eine "bezahlte" Geschäftsmöglichkeit zu stoßen.

Sie zahlen für Angebote, Sie bewerben sich für Stellen; achten Sie auf diesen Unterschied. Selbst wenn Sie glauben, dass Sie mit einer Anzeige in der falschen Kategorie davonkommen, sollten Sie den Dienst nicht auf diese Weise missbrauchen. Es ist einfach unethisch.

3. Wie oft sollte man Werbung schalten, um beständig Geld zu verdienen: Zu Beginn meiner Affiliate-Marketing-Karriere habe ich täglich Anzeigen geschaltet, was meiner Meinung nach jeder Neuling tun sollte, um beständig Geld zu verdienen (z. B. wöchentlich, dann täglich).

Zu Ihrer Information: Nutzen Sie auch andere Ansätze, wie z. B. das Artikelmarketing. Nehmen wir an, dass Sie hoffen, Affiliate Marketing eines Tages zu einem Vollzeitberuf zu machen. In diesem Fall werden Sie wahrscheinlich viele Internet-Marketing-Strategien kombinieren müssen, um genug zu verdienen, um dies zu verwirklichen.

4. Wie man erfolgreiche Produkte und/oder Dienstleistungen auswählt Als Self-Publisher

vermarkte ich hauptsächlich meine Ebooks und einige "immergrüne" Affiliate-Produkte.

Der wichtigste Ratschlag, den ich für die Auswahl profitabler Artikel geben kann, ist die Auswahl von Produkten, für die Sie sich begeistern und/oder mit denen Sie Erfahrung haben. Der Grund dafür ist, dass es viel einfacher ist, "glaubhaft" für Produkte oder Dienstleistungen zu werben, die Ihnen gefallen und/oder mit denen Sie Erfahrung haben.

Im Internet gibt es eine Menge Schrott, und die Verbraucher können Falschheit erkennen. Begeben Sie sich nicht auf diesen Weg. Affiliate-Marketing-Websites wie CommissionJunction und Clickbank bieten Tausende von Produkten an, mit denen Sie über eine Werbeanzeige Geld verdienen können. Legen Sie daher Ihren Beruf im Internetmarketing auf seriöse Marken aus, denen Sie vertrauen.

Und nur damit Sie es wissen, die meisten Partnerprogramme sind kostenlos, so dass für den Einstieg keine Gebühren anfallen.

5. EINRICHTUNG EINER NISCHENKAMPAGNE.

Sie sind ein Internet-Vermarkter, aber Sie haben keine beeindruckenden Ergebnisse vorzuweisen. Wie wäre es, wenn ich Ihnen sage, was Sie brauchen, um online richtig Geld zu verdienen?

Verbringen Sie ein paar Minuten damit, diesen Beitrag zu lesen, und Sie können in weniger als einer Woche ein passives, profitables Nischengeschäft aufbauen.

Lassen Sie mich zunächst einmal sagen, dass Sie sich anstrengen MÜSSEN; wenn Sie etwas zum ersten Mal versuchen, kann es schwieriger sein. Die gute Nachricht ist, dass, sobald Sie Ihre erste Kampagne eingerichtet haben, die nachfolgenden Bemühungen leicht zu handhaben sein werden, und wenn Sie keine Prozesse vernachlässigen, werden alle Ihre Kampagnen jahrelang passives Geld einbringen.

Hier sind die Schritte zur Erstellung einer profitablen Nischenmarketing-Kampagne:

1) Sie müssen zunächst eine Marktnische auswählen, in der Sie arbeiten wollen. Eine Nische ist eine Gruppe von Personen, z. B. junge Mütter, alleinerziehende Väter, Katzenbesitzer, Frischverheiratete und viele andere. Vergewissern Sie sich, dass Sie die Herausforderungen kennen, mit denen die Menschen in diesem Segment konfrontiert sind, und ob sie bereit sind, Geld für deren Bewältigung auszugeben.

2) Melden Sie sich bei einem Autoresponder-Dienst an und kaufen Sie einen Domänennamen. Das wird Sie kaum mehr als 30 Dollar kosten, aber das ist alles, was Sie wirklich brauchen, und Sie werden diese Gelder innerhalb einer Woche oder so zurückerhalten.

3) Bereiten Sie Ihre Squeeze-Seite vor, die Ihr Opt-in-Formular enthält und einen kostenlosen Leitfaden oder ein Ebook im Austausch für eine E-Mail-Adresse anbietet.

4) Bereiten Sie nun das kostenlose Ebook und die beiden Ebooks vor, die Sie gegen Geld verkaufen

wollen. Schreiben Sie drei 10- bis 20-seitige Leitfäden, die voll von nützlichen Informationen sind. Jeder Ihrer Leitfäden sollte ein bestimmtes Problem Ihrer Zielgruppe ansprechen.

5) Verfassen Sie 10 bis 15 Folge-E-Mails. Die ersten paar E-Mails sollten nur kostenlose, wertvolle Inhalte enthalten; eine von vier weiteren Nachrichten kann eine Werbebotschaft an Ihre Abonnenten sein. Genau auf diese Weise werden Sie Gewinne erzielen: indem Sie Ihre Artikel an Personen verkaufen, die Ihnen vertrauen.

6) Schreiben Sie mindestens zwanzig Artikel, die auf Ihre Squeeze Page verweisen, und verteilen Sie sie an Artikelverzeichnisse. Damit stellen Sie sicher, dass Sie auch in den kommenden Jahren noch Besucher erhalten.

Jetzt, wo Sie sie aufgebaut haben, ruhen Sie sich aus oder bauen Sie eine weitere auf!

Wenn Sie es schaffen, Ihre Liste schnell aufzubauen, werden Sie schon in der nächsten Woche anfangen, Geld zu verdienen. Das Beste daran ist, dass es sich um völlig passive Einnahmen handelt!

6. FREIBERUFLICHES SCHREIBEN.

Ja, freiberufliches Schreiben im Internet kann ein lukrativer Beruf sein. Wenn das Schreiben Ihre Leidenschaft und Ihr Talent ist, können Sie online zusätzliches Geld verdienen. Sie müssen nur ein paar wesentliche Empfehlungen beachten, um die lukrativen Möglichkeiten zu erkennen, die es Ihnen ermöglichen, online eine beträchtliche Menge Geld zu verdienen.

Wenn Sie daran interessiert sind, diese Chancen online zu finden, finden Sie hier einige Ratschläge, wie Sie dies tun und wie Sie mit freiberuflichem Schreiben online Geld verdienen können.

- Erstellen Sie Website-Material gegen Entgelt. Inhalte sind im Internetzeitalter, in dem praktisch alle Unternehmen, Firmen und sogar Privatpersonen ihre

Websites gestalten wollen, von entscheidender Bedeutung.

Diese Website-Besitzer können mit dem Tempo der häufigen Aktualisierung des Materials ihrer Websites nicht mithalten. Sie müssen nur ein paar Taktiken zur Suchmaschinenoptimierung lernen, wenn Sie über Schreibtalent verfügen, um Aufträge für die Erstellung von Online-Inhalten zu erhalten.

- Schreiben Sie Artikel. Artikel sind ein wesentlicher Bestandteil des Internets. Da sich das Artikelmarketing zu einer kostengünstigen Methode für die Online-Werbung von Unternehmen und Artikeln entwickelt hat, ist das Verfassen von Artikeln zu einer sehr gefragten Online-Aktivität geworden. Sie können Artikel schreiben und verkaufen oder online Unternehmen oder Einzelpersonen finden, die Sie dafür bezahlen, dass Sie Artikel für sie verfassen.

- Erkunden Sie Online-Stellenmärkte. In der Regel bieten diese Märkte freiberuflichen Autoren die Möglichkeit, für Schreibaufgaben zu bieten oder ihre Fähigkeiten Arbeitgebern und Unternehmen anzubieten, die hochwertige Inhalte von freiberuflichen Autoren suchen. Beide Seiten können sich vor Beginn des Auftrags auf einen Preis einigen, und Sie erhalten die Bezahlung nach Abschluss Ihrer Schreibprojekte. Sie können auch in Online-Jobbörsen nach Möglichkeiten für freiberufliches Schreiben suchen.

- Werbetexte schreiben. Sie können auch Werbetexte für Unternehmen schreiben, wenn Sie sich mit der Verkaufssprache auskennen. Gut geschriebene Werbetexte sind im Internet sehr gefragt, da die Zahl der Online-Werbungen zunimmt und immer mehr Unternehmen ihre Tätigkeit ins Internet verlagern. Nutzen Sie diesen Bedarf und verdienen Sie Geld mit der Erstellung von Werbetexten.

- Verfassen von Pressemitteilungen Das Schreiben von Pressemitteilungen ist eine weitere Alternative für freiberufliche Online-Autoren. Dies kann auch ein Bestandteil der Marketingbemühungen von Firmen und Unternehmen sein. Daher können Sie auch mit diesen Schreibprojekten Geld verdienen.

- Schreiben Sie ein eBook. Wenn Sie eine Leidenschaft für das Schreiben und ein anderes Fachgebiet haben, können Sie ein eBook veröffentlichen und online verkaufen. eBooks sind eines der beliebtesten digitalen Produkte, die online verkauft werden, und aus Sicht des Autors ist es auch eines der profitabelsten Produkte, die Sie online verkaufen können. Beim Verkauf von eBooks müssen Sie keine Druck- und Verlagsgebühren berücksichtigen, die zu den teuersten Aspekten des Verkaufs Ihrer Bücher gehören. Mit eBooks können Sie direkt verkaufen, ohne sich um den Vertrieb kümmern zu müssen, da die Kunden den Inhalt jederzeit online herunterladen können.

7. BLOGGING.

Geld verdienen mit Blogs ist der effektivste Ansatz, um wöchentlich online Geld zu verdienen. Es gibt viele Unklarheiten, wenn man versucht, die optimale Strategie zur Monetarisierung eines Blogs zu bestimmen. Ich fühlte mich gezwungen, einen Aufsatz zu schreiben, um alle zu informieren, die einen Blog einrichten und damit Geld verdienen wollen.

Die Wahl einer Nische für einen Blog ist der erste Schritt, um mit dem Bloggen Geld zu verdienen. Eine Nische ist einfach ein Synonym für einen Markt. Im Wesentlichen sollten Sie ein Thema wählen, über das Sie gerne bloggen. Ein Thema, für das Sie sich begeistern oder das Sie zumindest interessiert, ist eine ausgezeichnete Wahl.

Schritt zwei ist die Auswahl einer Blogging-Plattform. Eine Blogging-Plattform ist eine Software, die Sie zur Erstellung und Pflege eines Website-Blogs verwenden. Ausgezeichnete Plattformen sind Blogger-Blogs und WordPress.

Ich rate Ihnen, Bewertungen zu lesen und die beste Plattform für Sie auszuwählen. Ich empfehle Ihnen, Ihr Blog selbst zu betreiben, anstatt einen kostenlosen Hosting-Dienst zu nutzen. Um mit Blogs Geld zu verdienen, brauchen Sie so viel Flexibilität wie möglich, und die haben Sie mit Ihrem Blog.

Der dritte Schritt besteht darin, Ihr Blog mit ausreichenden Inhalten zu füllen. Der Inhalt Ihres Blogs sind die Informationen, die Sie präsentieren. Heutzutage können Sie diese Informationen in Text-, Audio- oder Videoform bereitstellen. Sie können dies selbst tun, einen Freiberufler beauftragen oder RSS-Feeds einrichten, um Ihren Blog automatisch mit Inhalten zu versorgen.

Der vierte Schritt ist die Monetarisierung Ihres Blogs durch Affiliate-Bewertungsseiten und Google Adsense-Anzeigen. Dies ist eine hervorragende Methode, um mit dem Bloggen Geld zu verdienen. Sie müssen nicht einmal Ihr Produkt verkaufen.

Sie können viele Partnerprogramme finden, die mit Ihrem Fachgebiet verbunden sind, und ein beträchtliches Einkommen aus Artikeln und Residualeinkommensprogrammen erzielen. Sie können AdSense in Ihre Website integrieren, um zusätzliche Einnahmen zu erzielen; das Beste daran ist, dass es völlig kostenlos ist.

Schritt fünf ist die Generierung von Traffic für Ihren Blog. Kostenlose Traffic-Methoden wie Suchmaschinenoptimierung, Blog-Kommentare, Linktausch, Artikelmarketing, Forenmarketing und soziale Netzwerke können Wunder für den Traffic Ihrer Website bewirken.

Sobald Ihr Blog beständigen Traffic erhält und Geld einbringt, sollten Sie einen neuen Blog erstellen. Wenn Sie diesen Prozess zum ersten Mal durchlaufen haben, werden Sie feststellen, dass es ziemlich einfach ist, mit Blogs Geld zu verdienen.

8. INTERNETMARKETING.

Internet-Marketing ist eine der schnellsten Möglichkeiten, online Geld zu verdienen. Dies gilt nicht für die Werbung für Sie selbst, sondern vielmehr für Ihr Marketing für andere Unternehmen.

- Sie können dies tun, wenn Sie mit einigen Internet-Marketing-Verfahren vertraut sind. Das Erstaunliche daran ist, dass viele dieser

Verfahren entweder kostenlos oder kostengünstig sind. Zum Beispiel:

- Sie können einen Blog für ein Unternehmen erstellen, Beiträge dazu leisten und ihn nutzen, um Links zu seiner Website zu generieren.

- Sie können neue Kunden gewinnen, indem Sie eine Social-Networking-Seite für das Unternehmen auf einer oder mehreren Social-Networking-Sites erstellen.

- Durch Beiträge in Gruppen und Foren können Sie die Anzahl der eingehenden Verbindungen zu deren Website erhöhen.

- Sie können in ihrem Namen Artikelmarketing betreiben, um die Besucherzahlen auf ihrer Website zu erhöhen.

- Sie können AdWords-Kampagnen durchführen.

- Sie können Pressemitteilungen verfassen, um die Besucherzahlen der Website und des Unternehmens zu erhöhen.

Es gibt viele Möglichkeiten, den Erfolg Ihrer Kunden zu sichern. Es ist wunderbar, dass diese Aufgaben schnell erledigt werden können. Sie können eine beträchtliche Menge an Marketingaufgaben in einer Woche erledigen und so schnell Geld verdienen.

Sie können eine Vorauszahlung vereinbaren und den Restbetrag bei Fertigstellung. So verfügen Sie sofort über die erforderlichen Mittel. Um den Restbetrag zu erhalten, müssen Sie die Arbeit abschließen, also liefern Sie unbedingt Ergebnisse.

Wie Sie sehen, können Sie mit Internet-Marketing erhebliche Einnahmen erzielen. Sie können ein Home-Office einrichten und dies häufig tun, da Menschen und Unternehmen ständig nach kostengünstigen Möglichkeiten suchen, um ihre Geschäfte zu fördern.

Versuchen Sie, was ich getan habe, wenn Sie sofort oder innerhalb einer Stunde Geld brauchen. Ich verdiene heute mehr Geld als in meinem früheren Geschäft, und Sie können das auch, wenn Sie auf den Link unten klicken und die unglaubliche wahre Geschichte lesen. Ich war nur zehn Sekunden nach meinem Beitritt misstrauisch, bevor ich wusste, was das ist. Sie werden auch von einem Ohr zum anderen strahlen, so wie ich es tat.

9. VIDEO-MARKETING.

In den letzten Jahren wurde viel darüber geschrieben, wie wichtig es ist, Video-Marketing in Ihr Internet-Marketing-Arsenal aufzunehmen. Das macht Sinn, denn Videomarketing ist heute effektiv und kann eine hervorragende Möglichkeit sein, jede Woche schnelles Geld zu verdienen. Schauen wir uns die drei Schritte an, die im Folgenden genannt werden.

Sie erstellen ein Werbevideo für Ihr Produkt. Wenn Sie ein Produkt oder eine Dienstleistung vermarkten wollen, ist das Erstellen von Videos eine gute Methode. Das ist gar nicht so schwierig, wie viele glauben. Sie benötigen eine preisgünstige Videokamera und ein Mikrofon. Auf YouTube finden Sie Anleitungsvideos, die zeigen, wie es geht.

Alternativ können Sie auch eine Anwendung zur Filmerstellung wie Animoto verwenden. Sie erstellen im Wesentlichen ein Diashow-Video mit Bildern und Wörtern. Das ist ein fantastisches Tool, denn Sie können Musik hinzufügen und Ihre Videos direkt auf YouTube und andere Video-Sharing-Websites hochladen.

Der Einzelhändler erstellt das Video. Viele Programme, an denen Sie teilnehmen können, um Geld zu verdienen, bieten inzwischen Werbefilme an.

Die Videos können zu einer bestehenden Website oder einem Blog hinzugefügt werden. Sie können sie auf einer Landing Page platzieren, Besucher auf diese Seite leiten und das Video zur Werbung für Ihr Produkt oder Ihre Dienstleistung nutzen.

Diese Methode hat sich im Affiliate-Marketing und im Network-Marketing durchgesetzt. Bei diesen Geschäftsstrategien verkaufen Sie Produkte oder werben Personen an, die Produkte in Ihrem Namen verkaufen.

Sie konzentrieren sich hauptsächlich auf die Lead-Generierung. Die Videos sind bereits von der Firma, die Sie vertreten, produziert worden. So können Sie sich auf das Marketing und die Nutzung der von der Firma zur Verfügung gestellten Tools und Ressourcen konzentrieren.

Bieten Sie einen Videoproduktionsservice an. Wenn Sie feststellen, dass es Ihnen Spaß macht, Videos zu erstellen, gibt es einen riesigen Markt für Ihre Talente, der jetzt noch ungenutzt ist.

Sie können dies so aufwändig oder so einfach gestalten, wie Sie möchten. Im Bereich des lokalen Geschäftsmarketings könnten Sie zum Beispiel ein Geschäft besuchen, Fotos machen, sich hinsetzen und einen Text schreiben und dann alles zu einem Video zusammenschneiden, das auf die Website des Unternehmens hochgeladen werden kann.

Heutzutage könnte praktisch jeder Internet-Vermarkter Unterstützung bei der Erstellung von Videos und deren Hochladen auf YouTube gebrauchen. Wenn Sie einen Videomarketing-Service anbieten, werden Sie so beschäftigt sein, wie Sie es wünschen, und Ihren Kunden einen großen Nutzen bringen.

Dies sind drei Methoden, um mit Videomarketing Geld zu verdienen. Sie können so kreativ sein, wie Sie wollen, und damit Geld verdienen, in Teilzeit oder sogar in Vollzeit.

Es ist wichtig, sich einem Trend anzuschließen, wenn er entsteht, und "auf der Welle zu reiten". So können Sie Ihren Aktionsplan und Ihre Verkaufskampagne planen und Ihre Gewinne maximieren. Sie müssen nach Einzelhändlern suchen, die das, was Sie benötigen, zu vernünftigen Preisen anbieten. Nichts auf der Welt ist ohne Kosten.

Es kann zeitaufwändig sein, im Internet nach Video-Tutorials zu suchen, aber es gibt eine Abkürzung. Sie muss nur gefunden werden.

Die Wirkung von Videos auf eine Website kann gar nicht hoch genug eingeschätzt werden. Was würden Sie lieber tun: eine 300 Wörter lange Textseite lesen oder ein 10-minütiges Video ansehen, in dem Schritt für Schritt gezeigt wird, wie man etwas macht? Wenn es Ihnen wie mir geht, wird die zweite Option zutreffen.

Sie können mir den ganzen Tag lang etwas mündlich erklären, aber ich verstehe es sofort, wenn Sie es demonstrieren. Denken Sie daran, dass ein Bild mehr sagt als tausend Worte, und wenn dieses Bild animiert ist, umso besser.

Stellen Sie sich vor, Sie entdecken eine Ressource, die Ihnen sozusagen ein "Bein stellt". Es verschafft Ihnen einen Einstieg in den Verkauf und generiert ein Einkommen, während Sie studieren. Das ist noch viel besser! Angebote und Werbe-Websites gibt es, man muss sie nur entdecken.

10. PHOTOSHOP.

Es gibt einfache Möglichkeiten, schnell Geld zu verdienen. Man muss nur wissen, wo man suchen muss, und erkennen, dass man mit seinen Fähigkeiten eine beträchtliche Menge Geld verdienen kann. Die Verwendung von Photoshop ist ein hervorragender Ansatz, um schnell Geld zu verdienen.

Denn die Leute sind bereit, für attraktive Grafiken zu bezahlen. Sie können Pinsel herstellen, die derzeit im Internet sehr beliebt sind. Sie können prüfen, was im Internet verfügbar ist, und Ihre Sammlung zusammenstellen.

Die Leute werden sie massenhaft kaufen. Am besten wäre es, wenn Sie einfach selbst Werbung machen. Es gibt einige Websites, auf denen Sie sich vermarkten können. Vielleicht können Sie sogar mit Stockfoto-Websites verhandeln.

Sie können auch mit Photoshop Geld verdienen, indem Sie einen Online-Shop einrichten und dort Bilder verkaufen. Sie können Ihren Online-Shop innerhalb eines Tages einrichten und Ihre Kunstwerke innerhalb einer Woche verkaufen. Sie können sogar an Grafikdesign-Wettbewerben teilnehmen, bei denen es lukrative Preise für die besten Einsendungen gibt. Wenn Sie mit Photoshop kreativ sind, ist dies eine großartige Technik, um diese Aufgabe zu erledigen.

Wie Sie sehen, ist es möglich, mit etwas, das Sie bereits besitzen, Einkommen zu erzielen. Bilder sind im Internet sehr beliebt. Die Leute brauchen sie auch für ihre Blogs, Websites und Printpublikationen. Sie werden dafür bezahlen, um sie zu nutzen. Sie werden sich in ein fantastisches Bild verlieben, wenn sie es sehen.

Versuchen Sie, was ich gemacht habe, wenn Sie sofort oder innerhalb einer Stunde Geld brauchen. Ich verdiene heute mehr Geld als in meinem früheren Geschäft, und Sie können das auch, wenn Sie auf den Link unten klicken und die unglaubliche wahre Geschichte lesen. Ich war nur zehn Sekunden nach meinem Beitritt misstrauisch, bevor ich wusste, was das ist. Sie werden auch von einem Ohr zum anderen strahlen, so wie ich es tat.

11. STOCKFOTOGRAFIE.

Viele Menschen arbeiten in erster Linie, um Geld zu verdienen, aber das macht sie nicht unbedingt glücklich. Einige haben jedoch das Glück, Geld zu verdienen, indem sie ihrer Liebe nachgehen. Eine dieser Methoden ist die Fotografie. Einige Fotografen haben eine professionelle Ausbildung absolviert.

In der Regel sind sie an eine Agentur angeschlossen oder arbeiten selbstständig. Aber es gibt auch viele, die wie Sie und ich einfach gerne Menschen, Objekte und Ereignisse fotografieren. Hier ist Ihre Chance, mit Ihrem Hobby Geld zu verdienen. Das Universum der Stockfotos steht Ihnen zur Verfügung.

Bevor wir erörtern, wie man mit diesem Hobby Geld verdienen kann, sollten wir uns ansehen, was Stockfotografie ist. Es handelt sich um die Verfügbarkeit von lizenzierten Bildern für bestimmte

Zwecke. Sie werden überrascht sein, wie groß die Nachfrage nach Archivbildern ist. Grafik- und Website-Designer, Online-Werbeagenturen und Verlage fragen sie nach.

Das Beste an der Stockfotografie ist, dass man kein Fachmann sein muss, um mit ihr Geld zu verdienen. Alles, was Sie brauchen, ist eine Leidenschaft für die Fotografie, gepaart mit Fantasie. Nach und nach werden Sie die Fähigkeit entwickeln, erfolgreich für sich zu werben und damit Geld zu verdienen!

Manche mögen einwenden, dass man mit Stockfotografie wenig Geld für einzelne Bilder bekommt. Diejenigen, die sich darüber beschweren, sehen dies jedoch als eine Situation, in der "das Glas halb voll" ist. Es stimmt zwar, dass Stockfotografien für nur 1 $ erworben werden können, aber in Wirklichkeit können zahlreiche Personen ein bestimmtes Bild verwenden.

Dazu kommt, dass dasselbe Bild auf viele Websites hochgeladen werden kann. Eine schnelle

Berechnung zeigt, dass dies eine todsichere Methode ist, um eine stattliche Summe zu verdienen! Heutzutage können einige Personen aufgrund des enormen Verdienstpotenzials von der Stockfotografie leben.

Doch wie genau kann man mit Stockfotografie Geld verdienen?

Hier sind ein paar Vorschläge für den Einstieg. Der offensichtlichste erste Schritt besteht darin, eine originelle Sammlung von Bildern zu erstellen. Versuchen Sie, einen Sinn für Originalität in die Bilder und Perspektiven zu integrieren, die Sie aufnehmen.

Sie sollten sich überlegen, wie breit Ihre Sammlung sein soll. Manche Menschen ziehen es vor, sich auf ein bestimmtes Thema zu spezialisieren und Nischenanbieter zu werden. Andere wollen ein breites Spektrum an Themen abdecken. Die Entscheidung liegt ganz bei Ihnen.

Der nächste Schritt, um mit Stockfotografie Geld zu verdienen, besteht darin, ein Online-Konto bei Stockfotografie-Websites einzurichten. Microstock-Fotofirmen sind Unternehmen, die Bilder von einer Vielzahl von Fotografen, einschließlich Amateuren und Hobbyfotografen, akzeptieren.

Sie haben ein Geschäftsmodell mit niedrigen Preisen und hohen Stückzahlen. ShutterStock.com, BigStockPhoto.com, Fotolia.com, 123rf.com und Dreamstime.com gehören zu den bekanntesten Microstock-Websites. Bei einigen von ihnen können Sie ein Konto einrichten.

Danach wird ein Beispielordner erstellt. Dies ist Ihre Chance, Ihr Talent zu beweisen und ausgewählt zu werden. Wählen Sie einige Ihrer besten Bilder aus und laden Sie sie hoch. Hier ist ein hilfreicher Hinweis. Achten Sie darauf, dass die Titel der Bilder, die Sie einstellen, prägnant und aussagekräftig sind. So können Sie den Leuten, die nach Bildern suchen, helfen, die entsprechenden Bilder schnell zu finden.

Wenn Sie mit Stockfotografie Geld verdienen möchten, sollten Sie die Richtlinien für jede Microstock-Website lesen. Diese regeln die Art der Bilder, die eingestellt werden dürfen, ihre Größe, technische Qualität und kommerzielle Verwertbarkeit.

Versuchen Sie, eine große Anzahl hochwertiger Bilder hochzuladen. Dies erhöht die Wahrscheinlichkeit, dass Ihre Bilder ausgewählt werden, und hilft Ihnen auch, Ihr Ziel zu erreichen, Geld zu verdienen. Fügen Sie im Laufe der Zeit immer wieder neue Bilder hinzu. Sie werden bald feststellen, dass Ihr Hobby zu einer fantastischen Einnahmequelle geworden ist.

12. CRAIGSLIST.

Wenn Sie auf der Suche nach schnellem Geld sind, wäre mein erster Rat, bei eBay zu verkaufen. eBay hat sich für mich als die einfachste Möglichkeit erwiesen, online Geld zu verdienen, gefolgt von Arbitrage-Sportwetten und Affiliate- oder Netzwerk-Marketing. Wenn Sie ein beträchtliches, dauerhaftes Einkommen erzielen wollen, das Ihr derzeitiges

Einkommen ersetzen könnte, ist Affiliate- oder Empfehlungsmarketing der richtige Weg.

In Anbetracht der vorangegangenen Ausführungen werde ich Ihnen in diesem Beitrag einen praktischen Weg zeigen, wie Sie sofort Geld verdienen können. Studenten haben mit dieser Methode ein wöchentliches Einkommen von über 300 Dollar erzielt. Wenn Sie es ernst meinen, können Sie damit mindestens 500 Dollar pro Woche verdienen.

Sie benötigen Craigslist und ein eBay-Konto, um diese Technik vollständig nutzen zu können. Sie werden Craigslist benutzen, um Produkte mit einem Rabatt auf den üblichen Preis bei eBay zu erhalten, dann gehen Sie zu eBay und kaufen sie.

Viele der Dinge, die auf Craigslist zum Verkauf stehen, werden von Verkäufern eingestellt, die es eilig haben, ihre Sachen loszuwerden. Sie versuchen, die Artikel auf eBay zu verkaufen, weil sie nicht warten können. Diese Woche brauchen sie Geld für Rechnungen, Miete und Lebensmittel. Da sie sofort Geld brauchen, sind viele Menschen bereit,

Digitalkameras und andere hochpreisige Elektronikartikel für deutlich weniger als den von eBay verlangten Preis zu verkaufen.

Elektronik ist sicher, aber Sie können jede beliebige Kategorie von Waren anbieten. Der erste Schritt besteht darin, ein eBay-Konto einzurichten und Guthaben zu sammeln. Behalten Sie den Preis der Produkte im Auge, die Sie erwerben möchten.

Nehmen wir an, eine Digitalkamera einer bestimmten Marke wird bei eBay für 200 Dollar verkauft, auf Craigslist aber für 180 Dollar angeboten. Setzen Sie sich mit dem Verkäufer in Verbindung und sagen Sie: "Hey, ich bin bereit, heute 150 Dollar dafür zu zahlen; treffen wir uns beim Berger King in der Nähe."

In über fünfzig Prozent der Fälle nehmen sie das Angebot an. Die meisten dieser Menschen brauchen dringend Geld, so dass es ihnen nichts ausmacht, zwanzig oder dreißig Dollar zu verlieren, wenn Sie es ihnen heute anbieten.

Streben Sie drei bis fünf Termine pro Tag an. Ein Ratschlag: Seien Sie intelligent. Treffen Sie sich unter keinen Umständen mit jemandem in seiner Wohnung, betreten Sie sein Haus und lassen Sie ihn nicht in Ihr Auto. Treffen Sie sich immer an einem öffentlichen Ort, z. B. bei McDonald's, KFC oder Bergen King. Diesen Plan gibt es schon seit vielen Jahren und er wird auch in Zukunft für jeden, der nach einfachen Möglichkeiten sucht, Geld zu verdienen, wirksam sein.

13. LIEFERSERVICE.

Die Einrichtung eines Lieferdienstes ist eine praktikable Alternative, mit der sich schnell Einnahmen erzielen lassen. Sie können einen besonderen Service anbieten, z. B. einen Wäschelieferservice, oder Sie können einen allgemeinen Lieferservice für alles anbieten, was die Kunden benötigen. Ganz gleich, ob Sie ein Familienessen oder ein neues Bett liefern, der Vielfalt der Artikel, die Sie anbieten können, sind praktisch keine Grenzen gesetzt.

Das ist eine hervorragende Alternative, denn je nach Art der Lieferung können Sie sie wahrscheinlich in Ihren Zeitplan einbauen. Wenn Sie beispielsweise Möbel transportieren, können Sie Termine an Wochenenden oder Abenden vereinbaren, wenn Sie verfügbar sind. Sie müssen nur ein paar Anzeigen aufgeben. Selbst in kostenlosen Foren wie CraigsList.org können Sie in den meisten Orten kostenlos für Ihre Dienste werben.

Sie können sich entscheiden, diese Möglichkeit nur für ein paar Wochen zu nutzen, wenn Sie nur nach schnellen und einfachen Möglichkeiten suchen, kurzfristig Geld zu verdienen. Es ist aber auch eine hervorragende Möglichkeit, um langfristig für einen Urlaub oder Urlaubsgeschenke zu sparen.

Versuchen Sie, was ich getan habe, wenn Sie sofort oder innerhalb einer Stunde Geld brauchen. Ich verdiene heute mehr Geld als in meinem früheren Geschäft, und Sie können das auch.

14. ENTWICKLUNG EINES GEHEIMEN VERKAUFSTRICHTERS.

In diesem Abschnitt werde ich Ihnen weitere Ratschläge geben, wie Sie mit einem geheimen Verkaufstrichter online Geld verdienen können.

Der erste Ratschlag ist, Ihre Autoresponder-Serie zu nutzen, um online auf Autopilot Geld zu verdienen.

Die Kombination von Affiliate-Marketing und E-Mail-Marketing ist der einfachste Weg, dies zu erreichen. Erstellen Sie eine Serie von Autoresponder-Nachrichten für drei Monate, sechs Monate, ein Jahr oder sogar zwei Jahre.

Füllen Sie Ihren Autoresponder mit zeitlosen Inhalten oder Serien. Auf diese Weise müssen Sie den Text des Autoresponders nicht mehr aktualisieren. Vergewissern Sie sich, dass das Produkt, das Sie bewerben, auch ein immergrünes Produkt ist.

Sobald Sie Ihr Produkt und Ihre E-Mail-Serie haben, können Sie mit dem Aufbau Ihrer Mailingliste beginnen. Ihr Verkauf wird automatisch ablaufen.

Erlauben Sie ihm, Geschäfte abzuschließen und Einkommen für Sie zu generieren. Sicherlich ist dies ein legitimer Weg, um online Geld zu verdienen. Sie werden ein regelmäßiges Einkommen über einen sehr langen Zeitraum erzielen.

Zeigen Sie, dass Sie sich um Ihre Leser oder Abonnenten kümmern.

Ich habe gerade gezeigt, dass dies die eigentliche Technik ist, um online Geld zu verdienen. Sie sollten Ihre Abonnenten jedoch nicht als Miniatur-Geldmaschinen betrachten. Wenn die Leute das sehen, werden sie sich sofort aus Ihrer Mailingliste austragen.

Sie müssen zeigen, dass Sie sich um Ihre Leser oder Abonnenten kümmern. Überschütten Sie sie mit Mitgefühl. Lassen Sie sie wissen, dass Sie ihre missliche Lage erkennen. Sie möchten ihnen aufrichtig helfen, das Problem zu lösen.

Als sie sich in Ihre Mailingliste eintrugen, hatten Ihre Abonnenten bestimmte Erwartungen hinsichtlich der Art der Informationen, die sie erhalten würden. Deshalb müssen Sie Ihre früheren Versprechen an sie einhalten.

Liefern Sie den wöchentlichen Newsletter, wenn Sie ihn versprochen haben. Wenn Sie ihnen etwas Kostenloses versprochen haben, müssen Sie es auch liefern. Unzufriedene Abonnenten werden Ihre E-Mails nicht mehr lesen oder sich ganz abmelden.

Folgende Punkte sollten Sie in Ihrer E-Mail-Kampagne hervorheben:

Einfühlungsvermögen in die Notlage der Abonnenten;

Bewerben Sie nur Dinge von hoher Qualität; wenn Sie Produktbewertungen durchführen, müssen Sie ehrlich sein; und geben Sie Ihren Abonnenten gelegentlich nützliche Ratschläge.

Damit lässt sich zwar kein schnelles Geld verdienen, aber es ist eine legitime Methode, um online Geld zu verdienen. Dadurch wird zweifellos das

Vertrauen gestärkt, was zu langfristigen Gewinnen führt.

Binden Sie Ihre Abonnenten in Ihre Kommunikation ein.

Das ultimative Ziel des Aufbaus einer Mailingliste ist es, eine Beziehung zu den Abonnenten aufzubauen, bevor Sie dies als praktikable Methode zum Geldverdienen im Internet betrachten.

Wenn Sie ein kostenloses Angebot als "Köder" anbieten, um einen Interessenten dazu zu bringen, sich in Ihre Mailingliste einzutragen, werden die Abonnenten nur das kostenlose Angebot annehmen und aufhören, Ihre E-Mails zu lesen.

Was sollten Sie tun? Wenn Sie in Ihrer ersten E-Mail ein unangekündigtes Werbegeschenk anbieten, informieren Sie Ihre Abonnenten, dass weitere "Überraschungsextras" folgen werden. Stellen Sie sicher, dass Sie etwa einmal im Monat eine Gratis-E-Mail verschicken.

So halten Sie die Aufmerksamkeit der Abonnenten aufrecht. Sie werden Ihre E-Mail-Nachrichten öffnen und lesen. Auf diese Weise bauen Sie eine Beziehung zu Ihren Abonnenten auf. Dies ist eine hervorragende Gelegenheit für Sie, ihnen andere Partnerprodukte zu verkaufen.

Erkennen Sie nun diese legitime Möglichkeit, online Geld zu verdienen? Verwandeln Sie einfach einen "Gratissuchenden" in einen profitablen Kunden.

Der Schlüssel zum Online-Geldverdienen liegt darin, E-Mail-Marketing und Affiliate-Marketing zu kombinieren und durch den Aufbau von Vertrauen und Beziehungen einen weiteren Mehrwert für Ihre Abonnenten zu schaffen. Wenden Sie die oben genannten Ratschläge an, und Sie werden Geld auf Ihrem Bankkonto haben.

15. TEILNAHME AN BEZAHLTEN UMFRAGEN.

Die Teilnahme an Umfragen ist eine der einfachsten Methoden, um online Geld zu verdienen.

Es ist wohl eine der einfachsten Möglichkeiten, nur mit einem Computer und einer Internetverbindung Geld zu verdienen, da die Einrichtungszeit minimal ist und keine Anfangsinvestition erforderlich ist.

Wie man anfängt.

Nutzen Sie eine kostenlose Website zur Auswahl bezahlter Umfragen, die Informationen zu jedem Umfrageprogramm in Ihrem Land bietet. Dort finden Sie weitere Informationen über das Mindestalter, den Betrag, der pro Umfrage gezahlt wird, und die Zahlungsmethode (Bargeld oder Gutscheine).

Sobald Sie einige seriöse Websites gefunden haben, die Bargeld oder Gutscheine als Belohnung anbieten, melden Sie sich bei jeder Seite an und bestätigen Sie Ihre E-Mail-Adresse. Es kann sein, dass Sie fünf oder mehr Websites gefunden haben, auf denen Sie sich anmelden, und es kann Stunden dauern, bis Sie jedes Profil ausgefüllt haben. Holen Sie sich also Ihr Lieblingsgetränk und machen Sie es sich an Ihrem Computer gemütlich.

Nach der Anmeldung, der Bestätigung und dem Ausfüllen des Profils haben Sie wahrscheinlich schon etwas Geld oder Punkte gesammelt. Diese Punkte entsprechen dem auf der Website angegebenen Geldbetrag. In den nächsten Tagen sollten Sie per E-Mail zahlreiche Einladungen zur Teilnahme an bezahlten Umfragen erhalten.

Wenn Sie eine finden, die Ihnen gefällt, klicken Sie auf den Link, der Sie zu der Website führt, auf der sich der Fragebogen befindet. Von diesem Zeitpunkt an können Sie viele oder Hunderte von Fragen beantworten müssen. Je länger die Umfrage dauert, desto mehr Vergütung bieten die Umfrageseiten.

Zusätzlich zu den Einladungen zu Bargeldumfragen erhalten Sie auch Einladungen zu Bargeldverlosungen. Diese sollten Sie aus zwei Gründen nicht vernachlässigen: Eine geringe Gewinnchance und die Teilnahme an ihnen machen Sie zu einem begehrten Kandidaten für zukünftige Umfragen.

Je mehr Umfragen Sie jetzt abschließen, desto mehr Gelegenheiten werden Sie in Zukunft haben und desto größer sind Ihre Chancen, einen dieser Preise zu gewinnen, auch wenn er noch so unwahrscheinlich ist.

Nachdem Sie auf jeder von Ihnen gewählten Website ein paar Umfragen mit Bargeldauszahlung durchgeführt haben, werden Sie einen beträchtlichen Betrag an Bargeld oder Punkten angesammelt haben. Sobald dieser Betrag die Mindestauszahlungsgrenze erreicht hat, können Sie eine Auszahlung per Scheck und gelegentlich auch per PayPal beantragen. Einige dieser Websites überweisen die Zahlungen automatisch am Ende des Monats.

Sie haben also hart gearbeitet und viele Fragen zu Dingen, die Sie benutzen, Produkten, die Ihnen gefallen, und Dienstleistungen, die Sie in Anspruch genommen haben, beantwortet; was ist Ihre Belohnung?

Nach einigen Wochen des Tippens und Klickens öffnen Sie vielleicht einen Umschlag mit einem Scheck über 10 bis 50 US-Dollar oder 10 bis 50

Pfund. Wenn Sie das unglaubliche Glück haben, zufällig ausgewählt zu werden, könnten Sie 10.000 $ oder 5.000 £ gewinnen.

Die Teilnahme an bezahlten Umfragen ist die einfachste Möglichkeit, online Geld zu verdienen. Es ist befriedigend und bietet Ihnen die seltene Gelegenheit, die größten Unternehmen der Welt zu beeinflussen.

16. PRIVATE-LABEL-PRODUKTE.

Private-Label-Produkte sind der effektivste Ansatz, um ohne Ihr Produkt Geld zu verdienen. Eigenmarkenprodukte sind, kurz gesagt, Produkte, die von einem Unternehmen hergestellt, aber unter verschiedenen Marken verkauft werden.

Das Konzept kann etwas verwirrend sein, deshalb möchte ich es Ihnen erklären. Nehmen wir an, Hersteller A stellt Computerbildschirme her. Dieser Hersteller stellt Computerbildschirme für jeden her, aber jeder Bildschirm muss identisch sein.

Dann bestellen Unternehmen wie Sony oder Toshiba Produkte bei Hersteller A, bieten sie aber als Sony- oder Toshiba-Produkte an. In Wirklichkeit handelt es sich um die gleichen Waren, aber aufgrund des Markenzeichens können sie möglicherweise unterschiedliche Preise verlangen.

Solange das Produkt von guter Qualität ist, stört es niemanden, wenn Unternehmen diese Praxis anwenden. Sony und Toshiba machen das bei großen Projekten nicht, aber bei kleineren Projekten schon. Wie profitieren Sie dann von dieser Praxis?

Sie können Ihre Private-Label-Produkte auf Websites wie eBay bewerben und verkaufen. E-Books sind wahrscheinlich die am einfachsten zu vermarktenden Private-Label-Produkte. Erstellen Sie einfach ein neues Cover und geben Sie an, dass Sie der Autor sind, und schon können Sie loslegen. In der Regel müssen Sie die Rechte an diesen E-Books erwerben, was zwischen ein paar Dollar und mehreren Tausend Dollar kosten kann.

Das alles hängt von der Qualität der elektronischen Bücher ab. Am besten ist es, wenn Sie sich keine Gedanken über die Qualität machen, da Sie die Bücher in der Regel lesen können, bevor Sie sie kaufen. Vergewissern Sie sich nur, dass Sie das Recht haben, sie zu verkaufen, sonst könnte es sein, dass Sie in die Flinte eines Anwalts geraten.

Wenn es Ihnen nicht gefällt, die Produkte anderer Leute zu verkaufen, können Sie auch Ihre eigenen Produkte herstellen und Eigenmarkenrechte verkaufen. Wäre es nicht fantastisch, wenn Tausende von Menschen an Sie herantreten würden, um Ihr Produkt zu kaufen? Sie würden zwar nicht für jeden Verkauf eine Provision erhalten, aber wenn Sie 100 Dollar dafür verlangen würden, dass jemand Ihr Ebook verkauft und es als sein eigenes ausgibt, wäre das nicht so schlimm.

Selbst wenn Sie nur ein ebook pro Woche schreiben würden, müssten Sie die Rechte nur an sieben oder acht Personen verkaufen, damit es sich lohnt. Die meisten Personen, die ein Buch kaufen, lesen es nicht einmal; sie wollen nur die Dollarzeichen sehen, und das sollte für Sie kein Problem sein.

Sie müssen sich jedoch nicht auf E-Books beschränken; Sie können verschiedene digitale und physische Private-Label-Produkte erstellen und verkaufen. Ich habe nur zu den digitalen Versionen geraten, weil deren Vervielfältigung kostenlos ist. Ich würde diese Eigenmarkenprodukte zunächst digital verkaufen, bevor ich zu größeren Formaten übergehe.

Wenn Sie jedoch Geld verdienen wollen, müssen Sie mit dem Branding Ihrer Produkte beginnen. Schaffen Sie einen Firmennamen, den Sie auf alle Ihre Produkte aufdrucken können, damit die Verbraucher Ihren Namen nach und nach mit Qualität in Verbindung bringen.

Welches MP3-Gerät würden Sie bevorzugen, wenn Sie die Wahl zwischen einem iPod und einem andersfarbigen MP3-Player hätten, der nicht den Namen iPod trägt? Da die Menschen nur die Oberfläche der Produkte sehen können, sind sie sich manchmal nicht bewusst, dass sie identisch sind. Das

Einzige, was für sie zählt, ist, dass sie einen iPod und keinen normalen MP3-Player haben, auch wenn sie identisch sein mögen.

Bei der Herstellung von Eigenmarken kann das Branding ein sehr wirksames Instrument sein. Dabei spielt es keine Rolle, ob Sie sie verkaufen oder herstellen wollen, denn es gibt reichlich Gelegenheit für Gewinn. Die profitabelste Strategie für den Verkauf von Eigenmarkenprodukten besteht darin, sich für eine Marke zu entscheiden und bei ihr zu bleiben.

17. VERKAUF VON KUNSTWERKEN.

Haben Sie sich jemals gefragt, wie Sie aus Ihren künstlerischen Fähigkeiten Kapital schlagen können, um weiteres Geld für Ihre Familie zu verdienen?

Meine Fähigkeit, über den Tellerrand zu schauen, wurde immer dann auf die Probe gestellt, wenn mein Einkommen gesunken ist, sei es aufgrund von Rezessionen, der globalen Finanzkrise oder allgemeinen Marktschwankungen. Nach umfangreichen Recherchen und Versuchen habe ich drei Strategien entwickelt, die Ihnen helfen, mit Ihrer Arbeit Geld zu verdienen, wenn Sie sie in die Praxis umsetzen.

Clevere Wege, von Ihrer Kunst zu profitieren.

- Verkaufen Sie Ihre Kunstwerke online und erhalten Sie auf Jahre hinaus Tantiemen.

- Verkaufen Sie Ihren Kunstunterricht an Studenten, die daran interessiert sind, zu lernen, wie es geht.

- Andere verkaufen Ihre Kunstwerke und Malstunden.

Wie wird sie also ausgeführt?

1. Verkaufen Sie Ihre Kunstwerke online und erhalten Sie jährliche Tantiemen.

Dies ist mein bevorzugter intelligenter Weg Nr. 1, da der Ertrag kontinuierlich ist; ich erhalte monatlich Tantiemen für Arbeiten, die vor über 10 Jahren fertiggestellt wurden. Dies ist eine sehr clevere Technik, um mit Ihren Kunstwerken Geld zu verdienen, aber Sie müssen wissen, was Sie tun, um erfolgreich zu sein.

Wer wird mich für meine Kunst bezahlen?

Was sind Märkte?

Sie müssen zunächst feststellen, welche Märkte sich für Ihre Kunstwerke interessieren könnten. Gestalten Sie gerne Landschaften? Oder Tiere? Oder Zeichentrickfiguren? Oder Autos und Fahrräder? Oder Aktbilder? Oder sind Sie eher abstrakt? Oder Karikaturen?

Für jede dieser Arten gibt es unterschiedliche Märkte, die genutzt werden können, um jahrzehntelang Tantiemen zu erwirtschaften. Einige Vertreiber dieser Art von Kunst sind Puzzlefirmen,

Anbieter von Computer- und Handytapeten und Haushaltswarenfirmen.

Jeder dieser verschiedenen Sektoren ist auf kreative und innovative Künstler wie Sie angewiesen, um andere "PRODUKTE" für sie zu entwickeln. In der Tat sind Sie der Produktschöpfer, während sie die Produktvermarkter sind. Und so funktioniert es.

2. Verkaufen Sie Ihren Kunstunterricht online.

Nun ist die offensichtliche Empfehlung, eine Website zu erstellen und einen Einkaufswagen einzurichten, und schon sind Sie auf dem Weg zum Erfolg, aber wenn es so einfach wäre, würde es dann nicht jeder tun? Das ist in der Tat nicht das, was Sie vorhaben. Sie werden sich von der Masse abheben und Schüler haben, die für immer oder so lange, wie Ihr Kunstunterricht beliebt ist, Ihr Schulgeld bezahlen.

Wie soll dies erreicht werden?

Jeder schaut gerne zu, richtig? Sie lieben es, andere zu beobachten und sich Anregungen zu holen, wie sie ihre Zauberkunststücke machen. Unabhängig von Ihrer Neigung können Sie, wenn Sie Ihren Beruf beherrschen, mit dieser einfachen, kostenlosen Methode Interesse am Erlernen Ihrer Techniken wecken.

A) Erstellen Sie ein Konto auf YouTube.

B) Dokumentieren Sie sich selbst beim Erschaffen von Kunst.

C) Laden Sie einige einführende Videolektionen auf YouTube hoch.

Sobald Sie Ihre Kunstwerke auf YouTube und alle anderen großen Video-Sharing-Websites hochgeladen haben, beobachten Sie die Zugriffe auf Ihre Website, um weitere Informationen zu erhalten. Einige meiner Filme haben in weniger als einem Jahr fünfzigtausend Aufrufe erhalten.

Das ist eine beträchtliche Menge an gezieltem Traffic für Ihre Website und die Angebote "Filme in voller Länge auf DVD für 39,95 $ nach Hause geliefert" und "ebook Schnell-Download-Version für 29,95 $". Ich habe "How To. Produkte", die in den letzten Monaten praktisch täglich verkauft wurden, und das Beste daran ist, dass der Markt trotz der instabilen Wirtschaft stabil ist.

3. Lassen Sie andere Ihre Kunst und Ihren Kunstunterricht verkaufen!

Dies ist auch eine beliebte und clevere Technik, um mit dem Verkauf von Kunstwerken online Geld zu verdienen. Das Erstellen von Kunstwerken, wie in Beispiel 1, und der Verkauf von Unterrichtsstunden, wie in Beispiel 2, bereitet Sie gut auf den nächsten Schritt vor: die Anwerbung von PARTNERN, die Ihre Kunstwerke in Ihrem Namen verkaufen.

Ein riesiges Heer von Leuten, die Produkte online an ein Publikum verkaufen, greift häufig auf die von ihnen kontrollierten Websites zu. Sie verbringen die meiste Zeit damit, Inhalte für Blogs zu erstellen, auf Forenbeiträge zu antworten und die

Website zu pflegen, so dass ihnen nur wenig Zeit bleibt, um wie Sie und ich Kunst zu schaffen.

Daher sind Personen mit Website-Verkehr (viele beliebte Websites haben täglich Zehntausende von Besuchern) in einer erstklassigen Position, um Ihre Waren, Kunstwerke in Kommission und Kunst- "How to"-Produkte zu verkaufen.

Viele Affiliates, die für meine Ebooks werben, werden nur entschädigt, WENN sie einen Verkauf generieren. Kein Grundlohn, bezahlter Urlaub oder Krankheitsurlaub und nur Provisionen auf Verkäufe - das ist meine Art von Arbeitskräften! Es gibt nichts Besseres als sie.

Sie können Hunderte von Website-Besitzern mit Ihrer "meistverkauften Prominenten-Karikatur-Tapete dieser Woche" ansprechen und sie in Ihrem Namen für eine Provision verkaufen lassen. Diesen reichen Regionen sind keine Grenzen gesetzt, und mit Ihrer wilden künstlerischen Kreativität täten Sie gut daran, diese drei klugen Internetstrategien zu befolgen, um von Ihrer Kunst zu profitieren.

18. PODCAST.

Wie wollen Sie von Ihrem Podcast profitieren? Ein weiterer Vorteil für Sie als Podcaster ist die Möglichkeit, mit Ihrem Podcast Einnahmen zu erzielen. Als Podcaster müssen Sie sich keine Gedanken über hohe Gemeinkosten machen, und der Großteil der Einnahmen Ihres Podcasts wird Gewinn sein.

Es gibt drei Hauptwege, um mit einem Podcast Einnahmen zu erzielen.

1. Einnahmen von kommerziellen Sponsoren generieren.

Kommerzielles Podcast-Sponsoring ist eine der effektivsten Möglichkeiten, Geld für Ihren Podcast zu verdienen. Wenn Sie einen bedeutenden Sponsor gewinnen können, kann Ihr Podcast beträchtliches Geld einbringen. Große Unternehmen beginnen im Laufe der Zeit, den wahren Wert von Podcasting zu erkennen.

Paige und Gretchen, zwei Mütter aus Virginia, haben die Bedeutung von kommerziellen Sponsoren erkannt. Sie moderieren eine wöchentliche Sendung, die sich an Mütter richtet, den MommyCast. Paige hat fünf Kinder, während Gretchen zwei hat.

Earthlink und Dixie sind die beiden Hauptsponsoren für ihr Programm. Dadurch erhalten sie erhebliche Einnahmen durch das kommerzielle Sponsoring ihrer Sendung. Als sie mit der Produktion ihres Podcasts begannen, hatten sie wahrscheinlich keine Ahnung von dessen Popularität. Earthlink und Dixie erkannten jedoch die Bedeutung ihres Programms und entschieden sich, Sponsoren zu werden. http://www.mommycast.com/

Wenn zwei Mütter aus Virginia so etwas erreichen können, dann kann das jeder. Es macht keinen Unterschied, wo man wohnt oder worüber man podcasten möchte. Wenn Sie ein großes Publikum anziehen können, haben Sie eine größere Chance, große Sponsoren für Ihren Podcast zu gewinnen.

Kommerzielles Podcast-Sponsoring ist eine fantastische Methode, um sich einen beträchtlichen Geldstrom zu verschaffen. Wenn Sie sich einen großen Sponsor sichern können, können Sie als Podcaster erhebliche Einnahmen erzielen. Wenn zwei einflussreiche Unternehmen, Earthlink und Dixie, Podcasting als Möglichkeit sehen, potenzielle Kunden zu erreichen, ist das eine hervorragende Nachricht für alle Podcaster.

Wenn ein großer Sponsor im herkömmlichen Radio Werbung schaltet, ist die Ausstrahlung des Radiosenders auf eine bestimmte geografische Region beschränkt. Beim Podcasting hingegen gibt es keine geografischen Beschränkungen. Jeder, der einen Computer oder MP3-Player hat, kann die Sendung hören. Daher ist dies ein hervorragendes Verkaufsargument für potenzielle Sponsoren.

2. Einkommen durch Spenden generieren.

Spenden sind eine weitere Möglichkeit, mit Ihrem Podcast Einnahmen zu erzielen. Adam

Kempenaar und Sam Hallgren präsentieren zum Beispiel zweimal wöchentlich den Podcast Cinecast aus Chicago.

Sie bewerten verschiedene Filme und geben ihre Kommentare ab. Ihr Podcast gewinnt schnell an Popularität und wird regelmäßig erweitert. http://www.cinecast.com/

Wenn Sie iTunes besuchen, werden Sie nicht bemerken, dass sie im Verzeichnis der Podcasts hervorgehoben sind. Dies ist ein enormer Vorteil für Cinecast. http://www.apple.com/itunes/podcasts/

Adam und Sam haben beschlossen, ihren Podcast durch das Sammeln von Spenden zu finanzieren. Auf ihrer Website gibt es eine PayPay-Schaltfläche, mit der Hörer eine Zahlung für ihren Podcast leisten können. PayPal genießt einen guten Ruf und ist eine ideale Methode, um Spenden entgegenzunehmen.

Wenn Sie Ihren Zuhörern wichtige Informationen präsentieren, werden sie Ihre

Bemühungen zu schätzen wissen und eher bereit sein, zu spenden. Mit der Zeit wird Cinecast jedoch wahrscheinlich in der Lage sein, nationale Sponsoren zu gewinnen.

Wenn sich Ihre Fangemeinde vergrößert, sind Spenden eine wunderbare Methode, um Geld zu verdienen, wenn Sie mit dem Podcasting beginnen.

3. Profitieren Sie von Ihrer Website oder Ihrem Blog.

Die dritte Methode zur Monetarisierung Ihres Podcasts ist die Schaltung von Werbung auf Ihrer Website oder Ihrem Blog. Google AdSense ist eine Methode, um dieses Ziel zu erreichen. AdSense fügt Anzeigen auf Ihrer Website ein, und Sie erhalten eine Vergütung, wenn ein Nutzer auf eine Anzeige klickt. https://www.google.com/adsense/

Die Verwendung von Clickbank zur Bewerbung verschiedener Produkte auf Ihrer Website oder in Ihrem Blog ist eine weitere Möglichkeit, Einnahmen zu erzielen. Sie können mehr als 10.000 ClickBank-Produkte als Partner vermarkten. Die Anmeldung als

Partner bei ClickBank ist kostenlos, und Sie erhalten Provisionen, wenn jemand ein Produkt über die Links auf Ihrer Website kauft. http://clickbank.com/

Der Schlüssel zum Geldverdienen liegt in der Bekanntheit Ihres Podcasts. Am besten ist es, wenn Sie die Menschen über Ihre Existenz informieren, um ein großes Publikum anzuziehen. Wenn Ihre Zuhörerschaft im Laufe der Zeit wächst, erhöht sich auch die Chance auf geschäftliche Sponsoren. Die effektivste Methode, um dieses Ziel zu erreichen, ist das Einreichen Ihres Podcasts bei iTunes und anderen Podcast-Verzeichnissen.

19. GOOGLE ADSENSE.

Es gibt viele Möglichkeiten, mit Google AdSense Geld zu verdienen. Die typischen Techniken, um mit AdSense Geld zu verdienen, sind erprobt und haben sich als sehr effektiv erwiesen. Viele neue Publisher glauben fälschlicherweise, dass AdSense nur auf Websites und Blogs eingesetzt werden kann. Es gibt jedoch viele andere Methoden, AdSense zu nutzen.

Um gut zu funktionieren, sind jedoch oft umfangreiche Vorbereitungen und Untersuchungen erforderlich, und die Vorbereitung und Umsetzung kann erheblich mehr Zeit in Anspruch nehmen. Ein völliger Neuling kann viele Monate harter Arbeit benötigen, um mit AdSense Geld zu verdienen.

Es gibt jedoch auch andere Möglichkeiten, mit Google AdSense Geld zu verdienen. AdSense hat sich seit seinem Start weiterentwickelt und ist heute ein weit verbreitetes Pay-Per-Click-System. Derzeit gibt es viele Möglichkeiten, mit AdSense im Internet Geld zu verdienen. Einige dieser "alternativen Techniken" sind neu und benötigen oft weniger Zeit für die Umsetzung und Nutzung.

Eine der effektivsten Methoden zur Nutzung von AdSense ist die Nutzung von Web 2.0-Websites. Innerhalb weniger Tage kann ein AdSense-Konto auf Blogger (einer kostenlosen Blogging-Plattform von Google) eingerichtet werden, und wenn es richtig konzipiert ist, kann es innerhalb weniger Wochen Einnahmen generieren.

Es ist unglaublich einfach zu bedienen und die Teilnahme ist völlig kostenlos. Es fallen keine Kosten für Hosting, Domänennamen oder andere Gebühren an. Viele Verlage haben Blogger eingesetzt, um mit Erfolg AdSense-Einnahmen zu erzielen.

Das Gleiche gilt für andere Web 2.0-Websites wie HubPages, Xomba und Squidoo. Die Teilnahme an diesen Websites ist kostenlos, und Sie können mit Google AdSense Geld verdienen, sobald Ihr erster Inhalt veröffentlicht wurde und Sie in das Programm aufgenommen wurden. Es ist sogar möglich, AdSense-Anzeigen in Ihren eigenen YouTube-Videos zu schalten.

Es gibt jetzt neue Möglichkeiten, Anzeigen in AdSense zu schalten, die nicht immer auf Websites basieren müssen. Durch die Nutzung von AdSense für Domains können Sie zum Beispiel Geld mit Google verdienen.

Wenn Sie eine unterentwickelte Domain und etwas leeren Webspace haben, können Sie ein paar

AdSense-Anzeigen schalten und durch den verbleibenden Traffic ein wenig AdSense-Geld verdienen, indem Sie ein paar AdSense-Anzeigen einblenden. Dies funktioniert zwar nur bei sehr beliebten Domainnamen, aber es ist möglich, diesen unterschätzten Teil des AdSense-Programms zu nutzen.

Es gibt viele andere Möglichkeiten, mit Google AdSense Geld zu verdienen. Wenn Sie ein Anfänger sind, sollten Sie nicht nur die üblichen Methoden zur Nutzung des Programms in Betracht ziehen. Um erfolgreich zu sein, müssen Sie alles über das Potenzial von Google AdSense lernen, und man kann nie wissen, ob man nicht eine ungenutzte Marktnische entdeckt, die man nutzen kann, um mit AdSense Geld zu verdienen.

20. PENNY STOCKS.

Es ist nicht einfach, mit Aktien schnell Geld zu verdienen; Sie werden feststellen, dass es immer Hindernisse auf dem Weg gibt. Das Problem ist in der Regel die Schwierigkeit, eine zentrale Stelle zu finden, um genaue Informationen über viele Unternehmen mit Aktienmärkten zu sammeln.

Bei der Zusammenstellung einer Liste investierbarer Aktien mit hohem Wert mag es unmöglich erscheinen, zu bestimmen, wo man anfangen soll. Es ist jedoch ein realisierbares Ziel; erfahren Sie wie.

Die Inanspruchnahme eines Aktienauswahldienstes ist eine der besten Möglichkeiten, um mit Penny Stocks schnell Geld zu verdienen. Wenn Sie einen professionellen Aktienauswahldienstleister finden, bietet dieser Ihnen eine wöchentliche Aufschlüsselung einer auf einem Computerprogramm basierenden Datenbank mit Informationen zu vielen Aktien. In der Regel müssen alle technischen Analysen abgeschlossen sein, und Sie erhalten den Abschlussbericht.

Die Inanspruchnahme eines Aktienselektionsdienstes, der Ihnen eine vollständige Studie potenziell wertvoller Aktien liefert, hat viele Vorteile, darunter die folgenden

- Sie ersparen sich die Zeit und den Aufwand, die nötig wären, um solche lukrativen Aktien selbst zu untersuchen.

- Da Sie mit qualifizierten Stockpicking-Dienstleistern zusammenarbeiten, haben Sie Zugang zu vielen potenziell rentablen Penny Stock-Investitionen.

- Sie haben lediglich eine begrenzte Liste von trendigen Penny Stocks, in die Sie getrost investieren können.

- Die bereitgestellte Analyse wurde von einem erfahrenen Trader erstellt und programmiert.

Dies ist eine der besten Strategien, um mit Aktien schnell Geld zu verdienen, anstatt bei jeder Investition durch Versuch und Irrtum.

21. FORUM.

Jeden Tag tritt eine wachsende Zahl von Money Makers dem Geldforum bei. Sie haben den Weitblick und erkennen einen möglichen Vorteil. Es gibt viele Möglichkeiten, in einem Forum Geld zu verdienen. Hier sind einige effektive Techniken.

1) Veröffentlichen Sie hochwertige Inhalte und steigern Sie Ihren Ruf!

Zweifellos ist dies einer der besten Tipps zum Geldverdienen. Indem Sie Ihren Ruf verbessern, fördern Sie indirekt Freundschaft und Vertrauen. Niemand vertraut sein Geld oder seine Zeit jemandem an, den er nicht gut kennt. Teilen Sie Ihre Ansichten in gutem Glauben mit.

Geben Sie niemals ein Versprechen, das Sie nicht halten können. Bauen Sie Vertrauen und Freundschaft auf, und Sie werden bald über ein umfangreiches und solides Netzwerk verfügen. Sie werden bald ein Team von Bauarbeitern haben, die mit Ihnen zusammenarbeiten, um als Gruppe online Einkommen zu erzielen. Gute Geschäftspartner sind schwer zu finden, aber wenn Sie sie gefunden haben, können Sie sich auf viele Jahre erfolgreicher Beziehungen und enormer Gewinne freuen. Die Grenze ist der Himmel.

2.) Verwenden Sie Ihre Forensignatur!

Nutzen Sie Kurz-URL-Dienste wie http://be8.biz, um Ihre lange URL in eine kürzere Version umzuwandeln, so dass Sie mehr Werbung anzeigen können. Das Signatursystem ist in das Forum integriert, und Sie können es frei nutzen. In den meisten Foren ist der Platz für Ihre Signatur auf 150 bzw. 250 Zeichen begrenzt, nutzen Sie ihn also so gut es geht aus.

Signaturen sind eine effektive Form des Marketings. Die meisten Personen werden auf die Signatur einer glaubwürdigen Person klicken und sich wahrscheinlich dem Programm anschließen, für das sie wirbt. Je mehr Beiträge Sie haben, desto wahrscheinlicher ist es, dass Geldmacher Ihre Signaturwerbung sehen.

Erweitern Sie Ihr Forumskonto, um Ihre Präsenz zu erhöhen!

Gegen eine angemessene Gebühr können Sie eine kostenpflichtige Mitgliedschaft in Foren wie http://www.Dreamteammoney.com erwerben. Ihr Benutzername erscheint dann in einer anderen Farbe, und Sie erhalten außerdem kostenlose Banner. Ihr Name wird immer auf der Vorderseite zu sehen sein, was das Interesse weckt und Ihre Bekanntheit erhöht.

Die Leute wollen Sie kennenlernen und dem Programm beitreten, an dem Sie teilnehmen, damit sie mit Ihnen Geld verdienen können. Sie werden bald feststellen, dass Ihre Messenger-Liste wächst, und Sie werden mehr Personen treffen, die ebenfalls daran interessiert sind, online Geld zu verdienen, so dass Sie dieses Vorhaben mit Ihren Forumskollegen verfolgen können.

4.) Nutzen Sie Foren, um Ihren PageRank zu verbessern und schnell von den großen Suchmaschinen indiziert zu werden.

Wir alle wissen, dass der PR den Wert einer Website steigern kann. Die meisten Käufer bevorzugen Websites mit einem hohen PR gegenüber solchen mit einem schlechten PR. Wenn Ihre Website oder Ihr Blog einen Index oder ein hohes PR-Ranking von einem Forum erhält, wird dies Ihr PR-Ranking erhöhen. In einem Forum, das sich mit Geld befasst, habe ich Websites mit PR 1 beobachtet, die nach nur einer Woche, in der sie von SE indiziert wurden, PR 2 erhielten.

Wenn die großen Suchmaschinen Ihre Website nicht indizieren, ist die Veröffentlichung in einem Forum mit hohem PR und hohem Traffic eine der besten Lösungen. Die großen Suchmaschinen werden Ihre Website bald indexieren, was zu mehr indirekten Besuchern führt. Im Internet ist Traffic gleich Geld. Hervorragende Besucher (Moneymaker) zu bekommen ist wichtig, um online Geld zu verdienen.

5.) Nutzen Sie das Fachwissen anderer genialer Geldmacher! Lernen Sie aus ihren Fehlern!

Viele Forumsteilnehmer sind gerne bereit, ihre Ratschläge und ihr Fachwissen mit Ihnen zu teilen. Ein Beispiel: Wenn ein Mitglied Ihnen beibringt, wie

Sie auf intelligente Weise Geld sparen können, und Sie sparen weitere 100 Dollar pro Monat oder 1.200 Dollar pro Jahr, verdienen Sie indirekt weitere 1.200 Dollar in einem Jahr, und dieses Wissen, das Ihr Kapital ist, begleitet Sie für immer. Verbessern Sie Ihr Wissen immer, indem Sie von den Wissenden lernen. Viele sind bereit, ihre Strategien zum Geldverdienen weiterzugeben, aber sind Sie auch bereit, sie anzunehmen?

Wissen ist gleichbedeutend mit Macht und Reichtum. Nehmen Sie sich immer Zeit für das Forum, um neue Techniken zu entdecken. Ziehen Sie das Geldforum an Ihrer Universität in Betracht, um Geld zu verdienen; viele Professoren stehen Ihnen als Mentoren zur Verfügung.

Es gibt viele andere Möglichkeiten, in Foren Geld zu verdienen. Denken Sie daran, dass der Himmel die Grenze ist. Wenn Sie bereit sind, neue Dinge auszuprobieren, können Sie selbst mit den kleinsten Ideen ein Vermögen verdienen. Jedes Unterforum innerhalb eines Forums hat seinen

Zweck. Erforschen Sie jeden Bereich des Forums, und Sie werden erstaunt sein, was Sie alles entdecken.

Geldverdienen war noch nie so einfach wie heute. Internet und Technologie haben dazu beigetragen, die Welt näher zusammenzubringen. Geldverdienen war schon immer eine Teamleistung. Die Welt ist da draußen für Sie, und so ist auch das kostenlose Forum, das Sie mit gleichgesinnten Geldmachern verbindet. Jetzt sind Sie an der Reihe, es anzunehmen.

22. DATENEINGABE-JOBS VON ZU HAUSE AUS.

Jobs zur Dateneingabe von zu Hause aus gehören zu den angesehensten und lukrativsten Beschäftigungsmöglichkeiten im Internet. Diese Berufe machen das Leben einfacher und bequemer für die Nutzer. Diese Dateneingabejobs sind die einzigen legalen und einfachen Online-Möglichkeiten, die es gibt.

Jeden Tag suchen Zehntausende von Menschen im Internet nach Möglichkeiten, online Geld zu verdienen und ihren Lebensstandard zu verbessern. Online-Jobs zur Dateneingabe sind die einzigen legalen Möglichkeiten, von zu Hause aus Geld zu verdienen. So ist es für die Kunden einfach, online Geld zu verdienen, da sie es bequem von zu Hause aus tun können.

Diese Dateneingabejobs sind völlig gültig und einfach auszuführen. Die einzige Fähigkeit, die für diese Arbeit erforderlich ist, ist die Beherrschung der Tastatur. Jeder, der ein wenig Ahnung vom Internet und vom Tippen hat, kann diese Arbeit erledigen und online eine beträchtliche Menge Geld verdienen.

Diese Dateneingabejobs sind einfach; sie verlangen nur, dass die Leute Online-Formulare für die Unternehmen ausfüllen, für die sie arbeiten möchten. Die Formulare, die die Benutzer dieses Programms ausfüllen, sind lediglich Anzeigen für diese Unternehmen. Diese Unternehmen entschädigen Sie dann in Form von Provisionen, die in der Regel beträchtlich sind und umgehend ausgezahlt werden.

Die Anzahl der Provisionen hängt von der Anzahl der Verkäufe ab, die die Unternehmen aufgrund Ihrer Anzeigen auf verschiedenen Websites erzielen. Es gibt keine Obergrenze dafür, wie viel Sie mit diesen Dateneingabejobs verdienen können, da die von Ihnen erstellten Anzeigen auf mehreren Websites veröffentlicht werden, was es für die Kunden einfacher macht, die Produkte zu kaufen und Ihre Provisionen zu erhöhen.

Ich möchte auf unbestimmte Zeit als Dateneingabesachbearbeiter online arbeiten und ein gutes Einkommen erzielen. Der durchschnittliche Provisionssatz für diese Position liegt zwischen 30 und 35 $ pro Verkauf. Diese Zahl steigt mit zunehmender Erfahrung des Benutzers. Ich verdiene etwa 100 Dollar pro Woche, was mindestens 400 Dollar pro Monat entspricht.

Diese Berufe haben viele Vorteile, z. B. die Möglichkeit, von zu Hause aus zu arbeiten und der eigene Arbeitgeber zu sein. Sie können die Vorteile der Ausbildung nutzen, die sie anbieten, um Ihnen den Einstieg in diesen Beruf zu erleichtern und ein gutes Einkommen zu erzielen. Nutzen Sie diese Gelegenheit und fangen Sie sofort an.

23. EBOOK SCHREIBEN.

Eine der effektivsten Möglichkeiten, mit Ihren Ebooks Geld zu verdienen, besteht darin, nur hochwertige Inhalte anzubieten. Ihre Werke müssen informativ, gut geschrieben und praktisch sein, damit Sie die Online-Nutzer effektiv zum Kauf bewegen können. Wenn die Leute merken, dass Sie ausgezeichnete Informationen liefern, sind sie geneigt, wiederzukommen und Ihre Ebooks sogar weiterzuempfehlen.

Hier sind sieben weitere fantastische Möglichkeiten, mit der Veröffentlichung von eBooks Geld zu verdienen:

1. Verwenden Sie fesselnde Titel. Experten sagen, dass die Qualität Ihrer Buchtitel zu 95 % über

Ihren Erfolg entscheiden wird. Wenn es Ihnen gelingt, online Aufmerksamkeit zu erregen und die Internetnutzer zu begeistern, können Sie sicher sein, dass Ihre Buchverkäufe schnell in die Höhe schießen werden.

2. Berücksichtigen Sie profitable Themen. Es wird einfacher sein, Ihre Ebooks zu verkaufen, wenn Sie über Themen schreiben, die für die Internetnutzer unglaublich interessant sind. Sie können ganz einfach herausfinden, welche Themen sich online wie warme Semmeln verkaufen würden, indem Sie eine Stichwortrecherche durchführen und Ihre potenziellen Kunden fragen, welche Informationen sie suchen.

3. Halten Sie Ihre Ebooks kurz und einfach. Aufgrund ihrer begrenzten Aufmerksamkeitsspanne wählen Online-Kunden Ebooks, die einfach zu verstehen und im Allgemeinen kurz sind. Verwenden Sie daher eine einfache Sprache und erklären Sie Ihre Ansichten und Ideen auf weniger als 30 Seiten.

4. Stellen Sie Nachforschungen an Jeder möchte Ebooks mit umfassenden, detaillierten und tiefgehenden Informationen erhalten, um das Hauptthema schnell zu verstehen. Vergessen Sie nicht, bei der Erstellung Ihrer Ebooks zu recherchieren, um mehr wertvolle Informationen zu erhalten, die Ihre Kreationen gehaltvoll und informativ machen könnten.

5. Halten Sie sich von Fiktion fern. Die meisten Internetnutzer werden kein Geld für etwas bezahlen, das ihr Leben nicht verbessern kann. Schreiben Sie daher über Themen, die Ihren Lesern nützliches Wissen vermitteln können, wie z. B. Schritt-für-Schritt-Anleitungen, und vermeiden Sie es, über fiktive Themen zu schreiben.

6. Kämpfen Sie gegen die Schreibblockade an. Eine Schreibblockade kann sich nachteilig auf Ihren Beruf auswirken, weil sie Sie daran hindert, kreativ zu sein. Die gute Nachricht ist, dass Sie das Gefühl der Überlastung vermeiden können, indem Sie alle Ihre Gedanken aufschreiben und sich mindestens zweimal pro Woche von Ihrem Computer entfernen.

7. Produzieren Sie mehr E-Books. Sie werden mehr Geld mit dieser Tätigkeit verdienen, wenn Sie die Anzahl Ihrer E-Books erhöhen können. Sie können dies erreichen, indem Sie Ihre Schreibstunden erhöhen oder Ghostwriter mit der Erstellung Ihres Materials beauftragen.

24. VERKAUFEN BEI EBAY.

Immer mehr Menschen aus allen Gesellschaftsschichten stellen fest, dass sie ihre finanzielle Situation durch eBay verbessern können. In diesem Abschnitt werden fünf Methoden zur Erzielung von Einnahmen bei eBay vorgestellt.

Zunächst könnten Sie tun, was viele andere tun, und einen Online-Garagenverkauf veranstalten. Durch den Verkauf von Artikeln, die Sie nicht mehr benötigen, können Sie auf eBay Einnahmen erzielen. Jede Woche profitieren Zehntausende von Menschen von dieser Praxis.

Zweitens können Sie bei eBay Geld verdienen, indem Sie über Ihren eigenen eBay-Shop Dinge an internationale Verbraucher anbieten.

Drittens können Sie auf ähnliche Weise Geld bei eBay verdienen, indem Sie Dinge verkaufen, die Sie selbst hergestellt haben. Sie können zum Beispiel Ihre künstlerischen Produkte online verkaufen, wenn Sie eine künstlerische Ader haben.

Viertens verkaufen viele Einzelpersonen eBay-Produkte, um Geld für sich und andere zu verdienen.

Wenn es darum geht, auf eBay Geld zu verdienen, sind Ihre Möglichkeiten im Grunde genommen unbegrenzt. Die einzigen wirklichen Einschränkungen sind die Grenzen Ihrer Vorstellungskraft. eBay-Einkünfte haben das Potenzial, Ihre finanzielle Situation erheblich zu verbessern.

Mit vielem, was Sie mit Auktionen und eBay machen, können Sie Geld verlieren, aber Sie können auch Geld verdienen; einer der wichtigsten Faktoren ist das Testen. Wenn Sie testen, werden Sie wissen, wo Sie mehr und wo Sie weniger investieren müssen.

25. HOSTING-WEBINARE.

Angesichts der großen Skepsis, die der Gründung eines Internet-Unternehmens entgegengebracht wird, kann die Veranstaltung von Webinaren eine wunderbare Methode sein, um bei potenziellen Kunden Vertrauen aufzubauen, denn es hat etwas Wunderbares, die Person, die direkt mit Ihnen spricht, auf dem Bildschirm vor sich zu sehen.

Wussten Sie jedoch, dass die Veranstaltung eines Webinars nicht nur Verkäufe für Ihr Unternehmen generiert (bis zu 10 % der Webinar-Teilnehmer kaufen schließlich etwas), sondern auch die Nachfrage nach Dingen, die Sie verkaufen können, steigern kann? Dies ist eine hervorragende Möglichkeit, wenn Sie ein Internet-Geschäft aufbauen möchten, aber kein Produkt zum Verkauf haben.

Hier erfahren Sie, wie Sie mit einem Webinar Einnahmen erzielen können.

Erstens: Laden Sie Personen zu einem kostenlosen Webinar ein.

Bei diesem Ansatz veranstalten Sie ein kostenloses Webinar, in dem Sie eine kostenlose Schulung zu einem bestimmten Thema anbieten. Im Anschluss an das Webinar laden Sie sie ein, in den nächsten sieben, zehn, zwölf oder mehr Wochen an weiteren Webinaren teilzunehmen, in denen Sie sie Schritt für Schritt durch den gesamten Prozess führen.

Da die meisten Webinarprogramme über Aufzeichnungsfunktionen verfügen, können Sie anschließend einen ganzen Videokurs erstellen, den Sie online für 100, 200 oder mehr Pfund anbieten können.

Was sollten Sie in Ihr Webinar aufnehmen?

Die Suche nach Webinar-Inhalten ist einfacher, als Sie denken. Hier sind einige Empfehlungen für Ihre Überlegungen.

Erzählen und zeigen.

Erstellen Sie eine PowerPoint-Präsentation, um die Funktionalität Ihres Produkts zu demonstrieren.

Überlegen Sie einfach.

Angenommen, Sie unterteilen Ihre Präsentation in sieben Abschnitte und entwickeln für jeden Teil vier Minuten Inhalt. In diesem Fall haben Sie genug Informationen für ein 30-minütiges Webinar, bevor Sie eine Einführung hinzufügen.

Befragen Sie einen Spezialisten.

Sie können auch einen Fachmann zu Ihrem Thema einladen, um Fragen während eines Webinars zu beantworten. Dies ist keine völlig neue Idee, da dieses Format schon lange vor der Erfindung von Webinaren verwendet wurde, insbesondere bei Teleseminaren und Telefonkonferenzen.

Sobald Sie Ihre Webinarreihe gefilmt haben und bereit sind, sie zu verkaufen, können Sie eine Kopie an Ihre Experten senden, damit diese sie kostenlos nutzen können, um ihre Bekanntheit zu steigern.

Sie könnten die Sache auf die nächste Stufe heben, indem Sie potenzielle Kunden kostenlos zu Ihrem ersten Webinar einladen und ihnen die Teilnahme an einer Reihe von 12 weiteren Webinaren für eine einmalige Investition Ihrer Wahl in Rechnung stellen. 100 £, 200 £ oder sogar 400 £.

Dies kann ein effektiver Ansatz sein, um mit der Durchführung von Webinaren Einkommen zu erzielen.

Sie können sogar Ihre Gegner dazu bringen, sich Ihnen anzuschließen, indem Sie ein Joint Venture vorschlagen.

Sie können anbieten, deren Webinare auf Ihrer Mailingliste zu bewerben oder umgekehrt und die Einnahmen 50/50 zu teilen.

Es ist eine Frage der persönlichen Vorliebe, welche Webinar-Software Sie verwenden, aber das Veranstalten von Webinaren kann eine einmalige Gelegenheit sein, eine beträchtliche Menge Geld zu verdienen, und zwar bequem von Ihrem Sessel aus.

26. DOMAIN-FLIPPING.

Es war ziemlich faszinierend zu erfahren, dass eine Person ein Internet-Broker werden könnte und damit beginnen, online Geld zu verdienen. Wenn Sie "Domain-Flipping" hören, sollten Sie sich vorstellen, dass Sie Domains oder Websites billig kaufen, die keinen oder nur einen geringen Wert haben, und sie mit Gewinn verkaufen. Dies ist eine weitere mühelose Methode, um mit minimalem Aufwand Geld zu verdienen.

Für das Domain-Flipping ist kaum eine formale Ausbildung erforderlich. Es ist ein einfaches Geschäft, das selbst Jugendliche in Entwicklungsländern ohne Schwierigkeiten betreiben können. Wenn ein Teenager das kann, ist es entweder ein Vergnügen, ein Hobby oder eine einfache Aufgabe.

Die Methode erfordert ein Minimum an Erfindungsreichtum und Investitionen. Sie können einen kreativen Domänennamen erwerben, der einem Unternehmen beträchtliche Besucherzahlen bescheren kann, und ihn nach einer gewissen Zeit oder sofort zu einem hohen Preis verkaufen. Wie kreativ Sie in dieser Situation sein können, hängt von Ihrer Erfahrung oder Kompetenz in Ihrem Arbeitsbereich ab.

So einfach kann der Prozess sein. Sie müssen nur in der Nähe eines Computers und einer Internetverbindung sein; alles andere ist optional. Es gibt keine Entschuldigung dafür, arbeitslos zu sein und sich abmühen zu müssen, wenn das Domain-Flipping nur ein paar Stunden pro Woche erfordert.

Der Grad Ihres Engagements wird einen erheblichen Einfluss auf die Menge des Geldes haben, das Sie verdienen werden. Wenn Sie sich mehr anstrengen, werden Sie auch mehr verdienen.

27. PRODUKTEINFÜHRUNG.

Wenn Sie ein Produkt auf den Markt bringen wollen, sei es ein altes Produkt, das Sie übernehmen, oder ein brandneues Produkt, können Sie ihm einen würdigen Abschied bereiten, indem Sie die richtigen Verfahren anwenden. Ein Produkt schnell auf den Markt zu bringen, muss nicht schwierig sein, aber es braucht eine Strategie.

Zunächst müssen Sie an die Zukunft denken. Sie sollten sicherstellen, dass Pressemitteilungen, Berichte, Bilder usw. bereits Monate im Voraus geschrieben, abgedeckt und aufgenommen werden. Selbst wenn Sie die Informationen noch geringfügig anpassen müssen, wenn der Termin näher rückt, ist der größte Teil der Arbeit bereits erledigt.

Am besten wäre es, wenn Sie auch einen Plan für die laufende Werbung über Blogs, Foren, Chatrooms usw. hätten. Bereiten Sie außerdem alle gedruckten Werbe- und Informationspakete zwei Wochen im Voraus vor. Ein paar Tage vor der bestätigten Produkteinführung bereiten Sie eine Pressemappe vor und geben ihr den letzten Schliff. Eine schnelle Produkteinführung ist oft eine Frage der Planung.

Stellen Sie außerdem sicher, dass Sie für jede Werbeaktion einen Ersatzplan haben. Wenn Ihr Produkt z. B. in einem Einkaufszentrum vorgestellt werden soll, sollten Sie einen Ausweichtermin vorsehen, falls es seinen Einsatz verpasst. Manchmal geschehen solche Dinge ohne Ihr Verschulden. Deshalb müssen Sie vorbereitet sein.

Stellen Sie sicher, dass alle Medienplattformen bei der ersten Einführung abgedeckt sind. Schicken Sie vorab Pressemitteilungen an alle Medien, erstellen Sie Radio- und Fernsehspots im Voraus und halten Sie Printanzeigen bereit, wenn Sie ein Produkt schnell auf den Markt bringen wollen. Nichts sollte dem Zufall überlassen werden.

28. MITGLIEDER-WEBSITES.

Viele Personen glauben, dass die Entwicklung einer Mitgliedschafts-Website einen enormen Aufwand erfordert, wenn Sie eine "herkömmliche" Mitgliedschafts-Website erstellen, ja.

Sie sollten:

* Ein erhebliches Engagement an Zeit.

* Inhalte, die ständig aktualisiert werden müssen.

* Teure und umfangreiche Skripte.

* Forum-Moderation.

Wenn Sie jedoch eine Mitgliederseite mit "fester Laufzeit" einrichten, haben Sie diese Verpflichtungen nicht.

Dazu ist lediglich Folgendes erforderlich:

* Jede Woche wird EIN 2-5-seitiger Artikel erstellt.

* Ein Autoresponder (wenn Sie Lektionen schreiben, laden Sie sie in Ihren Autoresponder, der Ihre Lektionen automatisch an den von Ihnen festgelegten Tagen an Ihre Abonnenten liefert)

* Ein System für wiederkehrende Zahlungen (wie PayPal oder ClickBank)

* Eine festgelegte Laufzeit für Ihre Mitgliedschaft (3, 6, 9 oder 12 Monate)

Und das war's auch schon!

Befristete Mitgliedschaftsseiten sind der einfachste und lukrativste Weg, um online ein Residualeinkommen zu erzielen. Investieren Sie 2 bis 5 Stunden pro Woche, um ein monatliches Einkommen im Internet zu erzielen; so einfach ist das.

Die Funktionsweise ist wie folgt:

Ein Besucher Ihrer Website meldet sich für Ihren Newsletter an. Als nächstes geben sie ihren Namen und ihre E-Mail-Adresse auf einer "Erfassungsseite" ein, die die Daten an Ihren Autoresponder sendet. Dann sendet Ihr Autoresponder die Lektionen per E-Mail (normalerweise wöchentlich oder wann immer Sie es angeben).

29. HOCHKARÄTIGE PROGRAMME.

Sicherlich haben Sie schon von den Schwergewichten gehört, die online so viel Geld verdienen, dass sie kaum mit dem Zustrom Schritt halten können. Es gibt nur wenige von ihnen, aber sie alle haben ein Geheimnis, das Sie nicht kennen.

Sie nutzen erstklassige Programme, um beträchtliche Geldbeträge zu erwirtschaften, die sie in die Förderung von Programmen niedrigerer Stufen für zukünftige Gewinne investieren können. Dieser narrensichere Ansatz wird dafür sorgen, dass Ihr Unternehmen doppelt so schnell oder vielleicht sogar dreimal so schnell wächst wie die, die wissen, wie man online Einkommen generiert.

Was ist ein Leading-Edge-Programm?

Ein erstklassiges Programm ist eine Geschäftsmöglichkeit, mit der Sie sofort ein beträchtliches monatliches Einkommen erzielen können. Im Gegensatz zu MLM-Möglichkeiten müssen Sie nicht erst Hunderte von Personen anwerben, bevor Sie online Geld verdienen können.

Diese Programme sind mit hohen Anfangskosten verbunden, bieten jedoch einen hervorragenden Gegenwert. In der Regel erhalten Sie einige der besten Marketing-Tools und einen persönlichen Mentor, der Sie mit seinem Wissen und seinen Ratschlägen auf dem Weg zum Erfolg begleitet. Es gibt keine anderen Schulungsprogramme, die eine bessere Ausbildung bieten.

Die Funktionsweise des Programms.

Premium-Programme haben eine hohe Einstiegsgebühr. Dies kann diejenigen abschrecken, die nicht entschlossen sind, in ihrem Wunsch, online Geld zu verdienen, erfolgreich zu sein, was ein weiterer Grund dafür sein kann, dass diese Programme eine hohe Erfolgsquote haben.

Bei den meisten Programmen verdienen nur etwa 3 % der Teilnehmer online Geld, während 97 % scheitern. Bei einem erstklassigen Programm kehren sich die Zahlen jedoch um: 97 % der Teilnehmer sind erfolgreich und verdienen Geld, nur 3 % scheitern.

Es braucht nur ein paar Verkäufe, um die Anfangsinvestition wieder hereinzuholen; danach ist alles Gewinn. Erstklassige Systeme sind leicht reproduzierbar, und praktisch jeder kann innerhalb weniger Tage lernen, wie das System funktioniert, dank ihrer effektiven Marketing- und Schulungsstrategien. Es gibt keine schnellere oder einfachere Methode.

Wer muss eine auswählen?

Wenn Sie interessiert sind, müssen Sie eine beträchtliche Anfangsinvestition tätigen. Ein angemessener Ausgangspunkt sind 2.000 bis 4.000 $, um sicherzustellen, dass Sie genug haben, um sich in das Programm einzukaufen und für die erste Werbeaktion auszugeben, um die anfänglichen Verkäufe zu generieren, die erforderlich sind, um die Maschine am Laufen zu halten. Zusätzlich zu den anfänglichen Kosten ist auch ein gewisser Zeitaufwand erforderlich.

In der Regel werden vier 4-stündige Tage für die Schulung, das Lernen und die Einrichtung benötigt. Danach müssen Sie in der Lage sein, Zeit aufzubringen. Das Minimum sind 1-2 Stunden täglich an vier Tagen in der Woche.

Sie müssen mehr Zeit aufwenden, wenn Sie den Prozess wirklich beschleunigen wollen. Neben einem Telefon- und Internetanschluss müssen Sie über einen unbegrenzten Ferngesprächsvertrag verfügen, da Sie viele Anrufe tätigen werden. Wenn Sie diese Voraussetzungen erfüllen, werden Sie schnell online Geld verdienen.

Die Vorteile, die Sie genießen werden.

Wenn Sie die Voraussetzungen erfüllen und glauben, dass ein Programm wie dieses zu Ihnen passt, werden Sie reichlich belohnt. Wenn Sie das System perfektioniert haben, werden Sie deutlich mehr Freizeit haben und wahrscheinlich doppelt so viel Geld für die Hälfte des Aufwands verdienen.

Selbst eine bescheidene Investition in ein erstklassiges Programm kann bereits im ersten Monat ein fünfstelliges Monatseinkommen einbringen. Wenn Sie das Glück haben, zwischen 3.000 und 4.000 Dollar zu investieren, werden Sie oft feststellen, dass Sie mit minimalen Schwierigkeiten wöchentlich ein fünfstelliges Einkommen erzielen.

30. ONLINE-TUTORING.

Sie haben drei Möglichkeiten: Berufsnachhilfe, Fachnachhilfe und Teilzeitnachhilfe. Um Ihnen zu helfen, Ihre Möglichkeiten besser zu verstehen, finden

Sie hier einige zusätzliche Erklärungen zu Ihren verschiedenen Möglichkeiten.

Ehrenamtliche Nachhilfe.

Studenten und Berufstätige gleichermaßen werden die Anpassungsfähigkeit schätzen, die diese Angebote bieten. Da es sich jedoch um eine Teilzeitbeschäftigung handelt, müssen Sie sich zunächst eine Anstellung bei einem Unternehmen oder Internetunternehmen sichern und sich darauf vorbereiten. Dies könnte eine fantastische Option sein, wenn Sie nach einer einfachen Möglichkeit suchen, sich nebenbei etwas dazuzuverdienen.

Freiberufliche Tätigkeit ist auch eine Option, aber es kann schwierig sein, Transaktionen und Verhandlungen zu führen, wenn Sie mit einer anderen Aufgabe beschäftigt sind. Indem Sie online "angeheuert" werden, können Sie mit minimalem Aufwand einen regelmäßigen Strom von "Studenten" erhalten.

Karriere-Nachhilfe.

Mit dem jüngsten Anstieg der Popularität des Online-Stellenmarktes sind Online-Tutoring-Jobs jetzt eine realisierbare Karriereoption. Das Schöne daran ist, dass es zahlreiche Möglichkeiten gibt, dies zu erreichen.

Sie können entweder als Freiberufler arbeiten oder eine Firma gründen, die diese Dienste anbietet. Manche mögen argumentieren, dass dies nicht als Online-Tutoring-Job gilt, aber da Sie den Unterricht wahrscheinlich zunächst selbst erteilen werden, ist es dennoch möglich, als solcher zu arbeiten.

Maßgeschneiderte Nachhilfe.

Dieser Ansatz, der vielleicht der am weitesten verbreitete ist, wird heute in verschiedenen Formen angeboten. Technisch gesehen sind sogar Einzel-"Coaching"-Dienste als spezialisierte Nachhilfe einzustufen, da Sie weiterhin als "Führer" fungieren und Ihren Kunden online unterrichten.

Es gibt mehrere Möglichkeiten, online Geld zu verdienen, wenn Sie etwas Freizeit haben. Sie können versuchen, als Online-Tutor zu arbeiten, um anderen bei ihren akademischen Schwierigkeiten zu helfen. Ihr Verdienst wird davon abhängen, wie gut Sie als Tutor arbeiten und wie viel Zeit und Mühe Sie investieren.

Die Themen, für die am meisten Nachhilfe benötigt wird, sind Naturwissenschaften (Chemie und Physik) und Mathematik (Algebra). Die Nachfrage ist so groß, weil sich immer mehr Schüler für diese Fächer einschreiben wollen. Ihr Fachwissen in diesen Bereichen macht den Online-Unterricht zu einer guten Option.

Die verfügbaren Stellen finden Sie auf Websites, die Jobs für Nachhilfelehrer anbieten. Auf der Website finden Sie die erforderlichen Qualifikationen und Voraussetzungen. Achten Sie beim Surfen auf den Websites auf das Bewerbungsverfahren, das von Website zu Website unterschiedlich ist.

Die Bewerbung enthält wahrscheinlich einen Test und einen Weg, ihn auszufüllen. Bewerben Sie sich auf möglichst vielen Websites, auf denen Stellen für Lehrkräfte ausgeschrieben werden, um Ihre Erfolgsaussichten zu erhöhen. Sie werden geprüft, um sicherzustellen, dass Ihre Erfahrung legitim ist. Man wird Ihnen mitteilen, ob Ihre Bewerbung erfolgreich war.

Sie müssen Ihre Unterrichtsstunden festlegen, denn die meisten Unternehmen, die Tutoren suchen, verlangen eine Mindestanzahl von Stunden pro Woche. Dies ist eine Mindestanforderung, obwohl es möglich ist, mehr zu arbeiten. Dies ist ganz Ihnen überlassen, sofern Ihr Zeitplan dies zulässt. Die meisten Arbeitgeber werden Ihre Wochenstunden auf dreißig begrenzen.

Mindestens einmal im Monat erhalten Sie eine Direktüberweisung oder einen Scheck per Post. Sie ist proportional zur Anzahl der geleisteten Stunden. Während des Bewerbungsverfahrens wird die Art der Vergütung beschrieben. Vor Beginn der Arbeit müssen Sie eine Vereinbarung ausfüllen.

Die Nachhilfeagentur, bei der Sie angestellt sind, wird Ihnen Schüler zur Verfügung stellen. Sie erhalten auch das notwendige Material, um Ihren Erfolg zu gewährleisten. Sie gewährleistet die Einhaltung der Protokolle. Wenn Sie Fragen haben, wenden Sie sich an Ihren Nachhilfelehrer, um die Situation zu klären.

Die Tatsache, dass Sie Schüler mit unterschiedlichem Hintergrund und aus verschiedenen Gesellschaftsschichten haben, kann die Arbeit als Online-Nachhilfelehrer befriedigend und spannend machen. Während Sie Nachhilfe geben, verdienen Sie Geld und erleben die Freude, einem anderen Menschen zu helfen.

SCHLUSSFOLGERUNG.

Wie Sie vielleicht wissen, ist es nicht einfach, ein Unternehmen zu gründen. Sie erfordert eine Menge Planung, einschließlich einer lokalen Marktanalyse, eines Standorts, einiger Mitarbeiter und einer beträchtlichen Menge an Betriebsmitteln.

Nicht, weil Sie nicht recherchiert hätten, sondern weil es in der Natur des Geschäfts liegt, dass all diese Notwendigkeiten zu erheblichen Ausgaben führen und die Gefahr groß ist, dass die Dinge nicht wie geplant ablaufen.

Es liegt auf der Hand, dass die Erfolgswahrscheinlichkeit umso größer ist, je sorgfältiger und umfassender die Planung ist. Auf jeden Fall werden Sie bei einem konventionellen Geschäft wie diesem mit vielen Ausgaben belastet, die Sie mindestens ein Jahr lang davon abhalten, einen einzigen Dollar zu verdienen.

Daher ist es möglich, ein rentables Geschäft zu entwickeln und zu betreiben, mit dem Sie genug Geld verdienen können, um bequem leben zu können, ohne den Stress, Tausende von Dollar für Monate oder sogar Jahre zu riskieren.

Was ist also die Antwort auf Ihren unternehmerischen Drang, wenn Sie nicht über das nötige Kapital verfügen oder nicht zu viel davon riskieren wollen, aber dennoch schnell Geld verdienen möchten?

Starten Sie ein Internetgeschäft, das viel mehr ist als der Verkauf auf eBay oder Amazon. Ich weiß, dass ein eCommerce-Geschäft lukrativ sein kann. Doch nach vielen Jahren, in denen ich meinen Lebensunterhalt online verdiene, bevorzuge ich zeit- und kosteneffizientere Lösungen, die ein besseres kurz- und langfristiges Wachstumspotenzial bieten und mit relativ geringen Mitteln beginnen.

Internet-Marketing ist ein klares Beispiel - wenn auch nicht das einzige - für diese Art von Möglichkeiten, da es Ihnen ermöglicht, ein nachhaltiges Geschäft zu entwickeln, das in der Lage ist, Tausende von Dollar an monatlichen Einnahmen zu generieren, ohne Tausende von Dollar zu riskieren.

Beim Internet-Marketing geht es sicherlich mehr um Wissen als um Investitionen. Während ein traditionelles Unternehmen 60 % Kapitalinvestitionen und 40 % Know-how benötigt, sind für ein auf Internet-Marketing basierendes Online-Geschäft 5 % Kapitalinvestitionen (hauptsächlich in Bildungsressourcen) und 95 % Know-how erforderlich.

Das bedeutet, dass Sie eher Zeit und Mühe als Geld riskieren, wenn Sie Ihr Geschäft online über Internet-Marketing oder eine andere Methode betreiben, die es Ihnen ermöglicht, Ihr Unternehmen online zu führen.

Das bedeutet jedoch nicht, dass Sie es sich leisten können, verschwenderisch zu sein, denn Ihre Zeit und Ihr Einsatz sind gleichermaßen kostbare Ressourcen (denken Sie daran: Zeit ist Geld). Selbst wenn Sie nur wenig oder gar kein Geld haben, haben

Sie alles, was Sie brauchen, um ein großartiges Geschäft zu betreiben, und Sie können sich darauf verlassen, dass Sie nichts zu verlieren haben, außer etwas von Ihrer Energie, die eine erneuerbare Ressource ist.

Wenn Sie also ein Online-Geschäft gründen, haben Sie Raum für Versuch und Irrtum, ohne Angst haben zu müssen, ein Vermögen zu verlieren, und den eindeutigen Vorteil, den viele Online-Geschäftsoptionen wie Internet-Marketing, Devisenhandel und Aktienhandel bieten, nämlich die Fähigkeit, innerhalb weniger Tage nach Beginn tatsächliche Ergebnisse zu erzielen, vorausgesetzt, Sie verfügen über die richtigen Werkzeuge und Ressourcen.

Management-Fähigkeiten für Führungskräfte.

1. Zeitmanagement für Manager
2. Mitarbeiter-Coaching für Manager
3. Teambildung für Manager
4. Selbstvertrauen für Manager
5. Verhandlungsgeschick für Manager
6. Kundenservice-Fähigkeiten für Manager
7. Durchsetzungsvermögen für Manager
8. Business-Knigge für Manager
9. Zuhörfähigkeiten für Manager
10. Führungsqualitäten für Manager
11. Kommunikationsfähigkeiten für Manager
12. Präsentationsfähigkeiten für Manager
13. Stressmanagement für Manager
14. Entscheidungsfindung für Manager
15. Konfliktmanagement für Manager.

Serie: Finanzielle Freiheit in jedem Alter.

- Finanzielle Freiheit in den 20ern erreichen
- Finanzielle Freiheit in den 30er Jahren
- Finanzielle Freiheit in den 40ern erreichen
- Finanzielle Freiheit in den 50ern erreichen
- Erreichen der finanziellen Freiheit in den 60ern
- Finanzielle Freiheit in den 70ern und darüber hinaus.
- Finanzielle Freiheit bei Kindern erreichen
- Finanzielle Freiheit bei Teenagern erreichen
- Finanzielle Freiheit bei Studenten erreichen.
- Finanzielle Betrügereien, vor denen man sich im Ruhestand in Acht nehmen sollte.

Serie: Persönliche Finanzen für Sie.
- ➢ Kauf und Verkauf von Kryptowährungen für Anfänger
- ➢ Warum es Sinn macht, in Dividendenaktien zu investieren.

Serie: Reichtum 2022.

- ➢ Online-Unternehmertum.
- ➢ Ihr eigenes Unternehmen gründen
- ➢ Vermögensverwaltung
- ➢ Passives Einkommen.
- ➢ 12 Schritte zur Gründung Ihres eigenen Unternehmens.

Serie: Exzellenter Kundenservice.

- ➢ Exzellenter Kundenservice im Einzelhandel
- ➢ Exzellenter Kundenservice im Fast-Food-Bereich
- ➢ Exzellenter Kundenservice im Full-Service-Restaurant
- ➢ Exzellenter Kundenservice in der Lehre.
- ➢ Exzellenter Kundenservice in der Immobilienbranche
- ➢ Exzellenter Kundenservice in einem Call Center

- Exzellenter Kundenservice als Rezeptionist
- Exzellenter Kundenservice in einem Hotel
- Exzellenter Kundenservice im Verkauf
- Exzellenter Kundenservice in jeder Situation.
- Exzellenter Kundenservice in der Zahnarztpraxis
- Exzellenter Kundenservice in der Arztpraxis.

Serie: Schnelles Geld.

- Schnelles Geld in einer Woche
- Schnelles Geld an einem Wochenende
- Schnelles Geld in einem Monat
- Schnelles Geld für Studenten.

Serie: Wie man Werbung macht.

- Wie Sie Ihr Geschäft während einer Rezession zum Blühen bringen
- Wie Sie Ihr Rezeptbuch vermarkten
- Wie Sie für Ihr Kinderbuch werben.

Autor Bio

D.K. Hawkins. D.K. liest gerne persönliche Geschäftsbücher und verbringt Zeit in der Natur. Es werden noch mehr Bücher in dieser Sammlung erscheinen, also folgen Sie bitte auf Amazon für weitere Bücher.

Vielen Dank, dass Sie dieses Buch gekauft haben.

Ich weiß es wirklich zu schätzen und schätze Sie, meinen hervorragenden Kunden.

Gott segne Sie.

D.K. Hawkins.

www.ingramcontent.com/pod-product-compliance
Lightning Source LLC
Chambersburg PA
CBHW050011230526
45465CB00003BB/1359